通胀，还是通缩

全球经济迷思
世界インフレの謎

［日］渡边努 著　裴桂芬 译

中信出版集团 | 北京

图书在版编目（CIP）数据

通胀，还是通缩：全球经济迷思/（日）渡边努著；
裴桂芬译. -- 北京：中信出版社，2024.1
ISBN 978-7-5217-6104-7

Ⅰ.①通… Ⅱ.①渡…②裴… Ⅲ.①世界经济－研究 Ⅳ.①F11

中国国家版本馆 CIP 数据核字（2023）第 204598 号

SEKAI INFURE NO NAZO
©Tsutomu Watanabe 2022
All rights reserved.
Original Japanese edition published by KODANSHA LTD.
Publication rights for Simplified Chinese character edition arranged with KODANSHA LTD. through Kodansha Beijing Culture Co., Ltd. Beijing, China
本书由日本讲谈社正式授权，版权所有，未经书面同意，不得以任何方式做全面或局部翻印、仿制或转载。

Simplified Chinese edition copyright © 2024 CITIC Press Corporation.
All rights reserved.

本书仅限中国大陆地区发行销售

通胀，还是通缩——全球经济迷思
著者：　　[日]渡边努
译者：　　裴桂芬
出版发行：中信出版集团股份有限公司
　　　　　（北京市朝阳区东三环北路 27 号嘉铭中心　邮编　100020）
承印者：　北京通州皇家印刷厂

开本：880mm×1230mm　1/32　　印张：8.25　　字数：152 千字
版次：2024 年 1 月第 1 版　　　　印次：2024 年 1 月第 1 次印刷
京权图字：01-2023-5986　　　　　书号：ISBN 978-7-5217-6104-7
定价：65.00 元

版权所有·侵权必究
如有印刷、装订问题，本公司负责调换。
服务热线：400-600-8099
投稿邮箱：author@citicpub.com

中文版序

《通胀，还是通缩——全球经济迷思》被翻译成汉语，中国的读者能够看到这本书，我感到由衷的高兴，特向翻译本书的河北大学日本研究所裴桂芬教授和中信出版社的编辑表示真挚的谢意！

当前中国的房地产市场面临一些调整，许多观点认为中国与20世纪90年代前半期的日本具有一定相似性，并时有耳闻说中国正在步入日本所经历的长期萧条，中国早晚都会进入"日本化"（Japanification）路径等观点。我不是中国经济问题的专家，也不能准确地评价这些说法是否妥当，但是，从我供职的东京大学很多来自中国的留学生（实际上都是非常活跃和优秀的学生）的口中，也多少了解了一些中国经济的情况，我逐渐感觉到中国经济还是和日本经济存在很大差异的。当然，从同处东亚地区和历史上的密切联系来说，相似性还是很多的，同时也存在与相似性相当或者更多的相异之处。因此，我不认为中国经济会走上日本化道路。

即使如此，正确地描述日本经济过去30年所走过的历程（遗憾的是失败教训多于成功经验），对于思考中国经济与日本经济的异同，肯定具有重要的参考价值。本书如能起到这个效果，作为作者，我将喜出望外。同时，我还非常期待中国读者针对本书提出更多的感想或意见。

本书主题是解释世界范围内为何出现了通货膨胀，并说明在这个时期日本的物价状况。由于通货膨胀是不断变化或进展的现象，本书展现的也是2022年6月到8月期间我的观点。至今已经过了一年多，最近好多日本读者问我的想法是否发生了转变。下面我简单介绍一下本书出版一年后的想法。

通览本书内容，如果再版的话，关于欧美为核心的世界范围内物价问题的分析，我想是不需要做出修改的。与此相对应的是，关于日本物价的分析，即使现在写，恐怕还是这些内容，而就未来愿景而言，恐怕还存在疑惑，一年之前我没有这个疑惑，由此可以说，这是我在这一年内形成的。要问这个谜团是什么，它与本书提到的"同步"和"异象"关键词密切相关。

欧美国家的通货膨胀起因于疫情，疫情引发了消费者、劳动者和企业的行为变异，并且这种行为变异"同步"发生在全球，因此形成一种超乎异常的力量冲击全球经济，带来世界范围内的高物价和高工资。

与此同时，日本的物价状况与欧美国家出现了差异。如果说欧美国家物价的关键词是"同步"的话，日本物价的关键词却是"异象"。

20世纪60年代非常活跃的著名经济学家、诺贝尔经济学奖获得者西蒙·库兹涅茨讲过一个笑话，"世界上有4类国家，发达国家、发展中国家、日本和阿根廷"，突出了日本和阿根廷经济发展的特殊性。

日本当时被提名，大概是因为20世纪60年代的经济高速增长，现在日本已经失去了高增长，也就不是那个意义上的"异象"了。但是，自1995年以来的1/4个世纪，日本工资和物价保持不变，这是一个异常状态。由于工资和物价不变，利率也长期为零。日本的工资、物价和利率3个变量的异常值，又一次验证了库兹涅茨的玩笑。

1995年以后的日本属于"异象"，这是毫无疑问的。物价每年保持不变是理所当然，工资维持不变是理当如此的，维持零利率水平也成为理所当然，这种独特的"理所当然"渗透到了日本社会的方方面面。当受到雷曼兄弟事件等海外冲击之后，依然没有动摇这些"理所当然"。但是这次疫情的冲击破坏力超强，2022年春季开始日本社会的"理所当然"现象开始出现裂痕，本书写作过程中那些数据就是明显的证据，对此是毋庸置疑的。

那么，现在的谜团到底在哪里呢？当时我的考虑是日本应从"异象"中摆脱出来，使物价、工资和利率回归到正常值，并探讨回归的可能性路径。但万万没有想到，日本会超越正常值，达到当时欧美国家曾经有过的异常值（通胀率及利率过高意义上的异常值）。我现在与当时的认知差异也就在这里。欧美国家因病毒传播招致物价和工资动荡，整个社会陷入混乱，日本也出现了相同状况，现在我认为日本与欧美国家"同步"的可能性不是为零。这个观点已经被写作本书时的几个现象或数据所证实，首要的就是日本消费者的通货膨胀预期。

正像本书详细分析的，在我们团队历年进行的包含日本在内的5国消费者问卷调查中，与欧美国家消费者相比，在相当长时间内日本消费者的通胀预期偏低。而在2022年5月进行的调查中，出现了显著差异，日本消费者与欧美国家消费者相同，开始意识到物价要上涨。还需要注意的是，日本消费者预期通货膨胀上涨的时机。2022年5月进行调查的时候，日本刚刚开始物价上涨，通胀率还没有达到2%。通货膨胀率此后快速提升，年末达到了4%，而在当初根本没有这个迹象。也就是说，日本消费者并不是看到物价实际上升后才提高了通胀预期，而是在实际物价上涨之前提高了通胀预期。

为什么会出现这种状况呢？作为常识性解释就是欧美国家高通货膨胀的溢出。欧美国家的通货膨胀比日本早了一年，2021年春季开始上涨，高达10%的通胀率使整个社会陷入混乱。就在大众媒体及社交媒体不断传播这些国家混乱状态的过程中，日本消费者开始担心日本是否也会出现相同的状况，因此而提高了通货膨胀预期。换个说法的话，这是美欧国家消费者的高通胀预期传染给了日本消费者。实际上，我们知道疫情期间消费者和劳动者"同步"出现的行为变异，就是源于疫情严重国家居民不断攀升的恐惧心理外溢到了其他国家。通货膨胀预期也是这样溢出的，才使日本与欧美国家"同步"提升通胀预期。

我关注的另一个"同步"现象就是长期利率的提高。日本银行长期以来实施收益率曲线控制（Yield Curve Control，简写为YCC），就是人为控制10年期国债收益率。自2022年12月开始提升控制目标上限，加上2023年7月和10月的调整，至今已有3次提高，伴随收益率曲线控制目标的调整，带来了长期利率上升。

长期利率上升背后的原因是美国提高长期利率水平。标准的解释是日美之间利率套利活动相当活跃，美国提息对日本长期利率形成压力，日本银行难以对抗或化解这种市场力量，不得已提高收益率曲线控制目标。

对于日本提高长期利率，除此之外也应该有其他的解释。根据费雪效应（名义利率=实际利率+通货膨胀预期），通货膨胀预期的提升也可以提高名义长期利率。美国的高通胀预期就是导致长期利率提升的原因。如前所示，美国高通胀预期外溢到了日本，前面只是解释了消费者的通胀预期，通胀预期还可能外溢到国债市场。如果这样的话，根据费雪效应，日本通胀预期的提升也是推动长期利率提高的影响因素。这么说的话，日本长期利率提升也出现了"同步性"。

现在回到日本国内，物价、工资和利率已经步入正常化的观念在不断扩大，这个状况非常接近一年前书中描写的内容。但是依然有很多人认为，现在的物价上涨和工资提高都是暂时性的，还会回到物价和工资冻结、利率为零的"异象"。很少有观点认为，日本会经历欧美国家那样的高物价高工资，以及相伴而行的高利率（不仅包括长期利率，也包括短期利率），也就是否认"同步"说法。

但是欧美国家对日本的看法出现了重大转变。通过与欧美国家投资者以及政策制定者的交流发现，即使是过去熟知日本状况并笃信日本属于"异象"的知日派，目前有很多都坚信日本与欧美国家出现了"同步性"，这是让我感到吃惊的地方。包括笔者在内长期生活在这种"异象"环境中的日本人，还没有从这种环境中摆脱出来，就是说存在"同步性"也并没有形成现实感受。这大概是日本人与欧美国家投资者的看法出现差异的原因。

国内外出现观念差异在任何国家或任何时代都是很正常的。欧美国家投资者相信日本的物价和工资会逐渐提高，未来日本银行也会像2022年的美联储和欧洲中央银行那样不断提高政策利率，"同步性"理念已经融入日本国债等各类金融产品的价格当中。

日本人是依然对海外投资者将日本视为"异象"而失望呢，还是转换思维、与过去的"异象"决裂呢？不管是哪种选择，相信日本经济的前路都不是一帆风顺的。

渡边努

2023年11月

译者序

在全球性通货膨胀风起云涌的2023年年初，收到了中信出版社翻译《通胀，还是通缩——全球经济迷思》的邀请，初读书稿后感到非常有趣，便欣然接受。

《通胀，还是通缩——全球经济迷思》由日本学者渡边努教授所著，是日本讲谈社现代新书系列的一本"口袋书"。渡边努教授于1982年毕业于东京大学经济学部，毕业后入职作为日本央行的日本银行，曾在日本银行营业部、信用机构局和调查统计局工作，经历了日本泡沫经济膨胀到崩溃的全过程。于1991年和1992年分别获得美国哈佛大学经济学硕士学位和博士学位。1999年开始供职于一桥大学经济研究所，2011年任东京大学研究生院经济学研究科、经济学部教授，2019—2021年担任东京大学研究生院经济学研究科主任、经济学部长。在学术研究的同时，渡边努教授非常重视学术实践，2013年运用POS（零售终端信息管理系统）机数据和在线购物价格数据等信息测度构成日本CPI（消费价格指数）的600种产品的价格变化情况，聚焦单个产品价格变动与整体CPI之间的关系，这个指数最初被称为"东大日频物价指数"，现在被称为"日经即时CPI指数"。该指数具有速报性质，运用信息技术刻画经济活动的细微变化，可弥补政府统计的滞后性，被称为"另类数据"。在本书中，作者将根据这些数据制成的图称为"渡边图"。在理论研究和实践探索的同时，渡边努还参与了政府部门的工作，2018年开始担任内阁官房统计改革推进委员会委员、总务省统计研究研修所客座教授，2020年开始担任财政制度审议委员会委员。

渡边努的主要研究领域是货币政策与物价。鉴于他在日本物价研究领域和物价统计实践方面的贡献，他被日本媒体称为"日本物价研究第一人"或"日本物价统计第一人"。关于疫情暴发后通货膨胀走势的问题，一直是经济学界及央行政策制定者关注的理论与实践问题。疫情暴发初期的物价下降曾一度让人们担心会出现通货紧缩现象，在这种舆论氛围下，2020年渡边努在论文中提出了疫情会引发通货膨胀的观点。遗憾的是，统计数据迟迟没有验证这个观点。直到一年后的2021年春季，欧美国家物价才出现上涨。本书描述的就是作者在新冠疫情暴发后针对通货膨胀走势研究的心路历程，既有最初提出截然不同观点的自信，也有等待统计数据的忐忑，还有对自身错误预判的反思，更有对逻辑假说的慎重和对证实假说的执着。这就是《通胀，还是通缩——全球经济迷思》！

本书是围绕当前通货膨胀的两个谜团以及日本的物价"异象"而展开的。两个谜团分别是引发当前通货膨胀的主要原因和如何应对此次通货膨胀。日本物价"异象"是指在主要国家遭受通货膨胀打击的背景下，日本出现了慢性通货紧缩与急性通货膨胀并存的现象，增加了日本物价问题的复杂性。

欧美国家通货膨胀的"元凶"是谁

关于当前通货膨胀的原因，作者从以下几个方面展开分析。

一是率先声明，通货膨胀的原因不是俄乌冲突，关键的证据是在俄乌冲突之前就已经出现了通货膨胀。如全球主要国家智库和金融机构的专家，早在2021年春季就开始提高2022年的通胀预期，这比俄乌冲突的发生整整早了一年。当然，俄乌冲突爆发推动通货膨胀也是事实，2022年3月与2月相比，美国预期通胀率提升了1.4个百分点，欧元区提高1.8个百分点。

二是关于新冠疫情与通货膨胀的关系，这也是本书的核心。在新冠疫情初期，经济学家和央行政策制定者曾担心世界陷入全球性通货紧缩陷阱。但出乎所有人的意料，就在新冠疫情感染最严峻的时刻已经过去、防疫对策开始生效、疫情进入相对稳定期、经济开始重启之际，通货膨胀突袭了长期习惯于低通胀的世界！因此而成为难解之谜。

作者总是提出不同于周围人的独特观点。在疫情暴发初期的物价下降阶段，经济学家和央行政策制定者笃信的逻辑线条是"新冠疫情=经济萧条=通货紧缩"，即使当2021年春季物价出现上涨苗头时，"暂时性"通货膨胀的观点仍占上风，并没有引起央行政策制定者的注意。就在这种背景下，作者提出了疫情可能引发通货膨胀的观点（《周刊东洋经济》，2020年5月29日），这个观点是鉴于100年前西班牙流感带来劳动力市场紧张和实际工资上涨而提出的，事实却是新冠疫情在死亡规模、死亡人员年龄结构及经济发展阶段等方面与百年前的西班牙流感存在很大差异，不会因疫情伤亡而对劳动力市场供求产生重大影响，这使作者反思进而寻找更有力的其他证据；在2020年7月IMF（国际货币基金组织）组织的公开网络讨论中，IMF设计的场景是疫情导致的健康受害带来经济损失，即新冠疫情带来人员死亡，降低GDP（国内生产总值）水平。作者认为，如果这个场景正确的话，应该是健康受害程度越大的国家，经济损失也越大。事实却证实，健康受害和经济损失之间并不存在直接联系，如美国百万人口中死亡1 493人，日本死亡54人，美国GDP下降6.83%，日本下降5.96%，美日之间健康受害的差距有28倍之大，而经济损失的差距却微乎其微！针对健康受害和经济损失不对称的问题，IMF首席经济学家吉塔·戈皮纳特（Gita Gopinath）认为，是新冠病毒流行的经济冲击通过贸易或金融渠道外溢到全球。作者再次通过事实说明，新冠疫情冲击并不会像雷曼兄弟事件那样对整个世界带来负面影响，面对面的服务消费下降并不会外溢到其他国家。进一步思考的结果是，作者提出了一个假说，就是信息主犯论，病毒信息传播外溢引发所有国家均出现严重的经济损失，假说的逻辑线条是疫情信息传播—管控措施—经济主体行为变异，即疫情信息广泛及时传播，政府采取管控措施，带来各类经济主体的行为变异。经济主体的行为变异是否会改变市场供求、影响价格变动呢？

三是针对上述假设，作者从两条路径进行了系统验证。一条路径是通过智能手机定位系统收集了日本消费者在休息日和工作日的手机定位信息，发现消费者在休息日减少了外出，增加了居家时间，意味着消费者减少了服务消费，而增加对货物的消费；而劳动者在工作日减少了在办公室和车站出现的时间，试图说明自动离职或提前退休引发的非劳动人口增加问题。这一现象同时出现在英国、美国、加拿大等国家，消费者和劳动者"同步"出现了行为变异。针对疫情后居民外出的具体原因，作者研究发现疫情期间外出总体减少了50%左右，政府管控措施发布后减少外出的比例不到一成，其余的四成左右是居民接收到疫情暴发的信息而主动减少了外出。本书将这一效应称为信息效用，而且还证实政府管控的强弱与经济损失之间也没有必然联系。另一条路径是运用欧美国家的统计数据证实了各类经济主体行为变异所带来的影响，首先，验证了消费者从服务消费向货物消费转移的现实（图3-3），以及货物消费在持续下降趋势下于2020年之后出现的突然冲高现象（图3-4）。需求的"突然"和"同步"转向带来货物产品的供给不足、价格上涨，而服务产品价格刚性导致需求下降并没有带来价格的大幅降低，两者共同导致当前的通货膨胀。其次，验证了已经不能回到职场的劳动者行为变异。美国非劳动人口在2020年4月突然冲高，由疫情前的9 500万人猛增到1.4亿人，之后虽有回落，但与疫情前相比，仍增加约500万人（图3-6）。作者提出尽管美国存在居家办公的习惯，如此规模的人口离开劳动力市场，对劳动力市场供给的影响也是不言而喻的。最后是企业的去全球化行为，主要表现为世界贸易的走势。20世纪80年代中期以来直到2008年全球金融危机时期的世界贸易占GDP的比例持续上升态势发生改变，出现了徘徊局面（图3-10），企业全球化经营原则也从成本效率转向供应链的安全与稳定，产业回流或友岸回流已经成为跨国企业的经营战略。

由此，作者认为疫情后通货膨胀的主要原因在于社交距离后遗症带来的经济主体行为变异，尤其是各类经济主体"突然""同步"出现的行为变异，对不同产品的供给产生重大影响，进而得出结论，此次通货膨胀属于供给冲击性通货膨胀，通货膨胀的持续时间也取决于"长社交距离"的持续时间。

欧美国家如何应对此次通货膨胀

关于如何应对此次通货膨胀，作者的研究也是从3个方面展开的。一是与通货膨胀原因的谜团相比，更大、更深刻的谜团还是菲利普斯曲线出现了问题。菲利普斯曲线是20世纪70年代以来经济学家经过长达半个世纪"复仇式"研究所得出的最重要关系式，如果以公式来表示的话，可以写成：

$$通货膨胀率 = 预期通胀率 - a \times 失业率 + X$$

公式右边第一项的预期通胀率与现实的通货膨胀率成正比，如果通货膨胀预期稳定的话，就不应该发生通货膨胀。此次美国通货膨胀走势正如图3-1所显示的，2022年8月通货膨胀率超过了9%，但5年的预期通货膨胀水平（2.5%）与美联储设定的2%通货膨胀目标没有太大差异，预期通货膨胀率低下不能解释当前的高通胀水平。第二项表示需求的强弱，主要取决于系数a，即失业率变化与物价变化之间的关系。在2007—2020年菲利普斯曲线还是一条相对平坦的曲线（图1-2），失业率每降低一个百分点，物价会上涨0.1%，2021—2022年失业率下降尽管超过3个百分点，对物价的影响仅在0.3%左右，失业率降低也不应该成为引发高通货膨胀的原因。基于排除法，前两项被排除之后，就剩下最后一项X，这就是供给因素在通货膨胀决定机制中的作用。而20世纪70年代以来形成和发展起来的物价理论，均聚焦在需求过剩带来的通货膨胀，对于供给侧引发通货膨胀的研究存在严重空白，依旧处于"黑箱状态"。

二是从菲利普斯曲线变形和泰勒规则失效问题出发，提出中央银行失去了颇具神通的政策工具。菲利普斯曲线长期以来是各国央行制定货币政策时最重要也是最有效的工具，尤其是对以物价稳定和充分就业为双重目标的美联储来说，可以在通货膨胀与失业率之间进行权衡取舍，可谓复杂经济状况下美联储的救命稻草！新冠疫情后，菲利普斯曲线在2021—2022年发生了显著变形，失业率从6.4%下降到3.6%，通胀率却从1.5%提升到了5.3%，二者的对应关系变成了"失业率下降1%，通胀率提高1.4%"。很显然，这是意想不到的供给因素导致菲利普斯曲线的变形。泰勒规则是根据当下的通货膨胀率和GDP状况，确定为实现理想通货膨胀率（通货膨胀的目标值）所需要的利率水平，这是世界各国中央银行运作货币政策的主要依据。如2020年春季以来，美国伴随疫情带来的景气恶化出现了物价水平下降态势，当时根据泰勒规则计算的理想利率水平为-5%，虽然世界上一些国家实施了负利率政策，但怎么也不会达到-5%的水平。

三是分析当前世界各国所采取的紧缩性货币政策的局限性。对于供给冲击性的通货膨胀，本应该从供给方入手采取措施，由于中央银行并没有专门应对供给驱动型通货膨胀的政策工具，只能暂且不理会减少的供给，通过紧缩货币政策降低过度需求，使之与减少的供给相平衡，也就是实现缩小的均衡。

在这个过程中，GDP的下降是不可避免的。从现实来看，美国的提息并不像以前那样，基于加息对通货膨胀产生预期效果的准确预估，而是试着稍微上调利率，运用统计数据确认通货膨胀的反应，反应不充分时继续调高利率，属于摸着石头过河的模式。作者还提出，如果欧美国家不能尽快遏制通货膨胀，有可能进入第二个回合，就是通货膨胀引发工资上涨，企业将随之而来的工资成本上升转嫁到产品价格上，推动价格进一步上涨，就是工资和物价的螺旋式上升，这是许多国家曾经出现，也是央行最难以应对的状况。阿根廷、巴西和以色列等国通货膨胀时期，最初都是通过货币紧缩政策为需求降温，但都出现了恶性通货膨胀，同时，伴随需求下降的是GDP的萎缩和失业率大幅上升，达到了整个社会不能承受的程度。这意味着需求侧的调整政策陷入僵局，不得不采取更加具有强大药力的"另类"政策，这就是阿根廷和巴西等国政府主导的"工资冻结"方式，至此作者为设计日本摆脱通货紧缩愿景而埋下伏笔。

日本的物价"异象"

日本的物价"异象"主要表现在急性通货膨胀和慢性通货紧缩交织在一起，成为世界唯一。作者聚焦的是，如何通过疫情这个"机遇",使日本摆脱困扰了20多年的通货紧缩问题。

首先,分析了日本同时罹患"急性病"和"慢性病"的现象。本书运用渡边努本人开发的"渡边图"直观描述了2022年6月构成日本CPI的600种产品的价格变动情况(图4-4),发现天然气、燃油和电力价格上涨了10%~20%,这与其他国家没有太大差异,而国内制成品价格中,40%以上的产品价格不变,在零附近出现了异常高耸的立柱,直观显示了通货膨胀与通货紧缩同时并存的现象。就在2022年世界主要国家陷入通货膨胀之时,IMF对其全部成员国的通货膨胀率进行了排名,日本2022年度通胀率不足1%,处于所有国家的最后一位,从诸多货物或服务价格的国际比较看,更凸显了"廉价日本"的事实。从进口产品价格和国内消费价格看,进口价格上涨幅度与众多国家没有明显差异,而国内消费价格依旧保持低位运行(图4-3)。

其次,聚焦通货紧缩长期持续的原因。本书基于统计数据发现,自20世纪90年代中后期的金融危机以来,日本的货物价格、服务价格和工资均停止了上升,价格和工资同时出现冻结状态。在金融危机背景下,企业和劳动者联合共渡难关是可以理解的,劳动者为保留工作岗位可以接受不涨工资,企业由于工资成本不变也可以不提高产品价格,劳动者可以维持既往的正常生活。而在金融危机结束后的很长时期内，这种状况一直持续下来，其背后的原因值得深思。通过问卷调查分析，发现消费者的低价偏好和企业的冻结价格惯例，是日本长期以来维持通货紧缩的主要原因。如在2021年8月例行开展的日本、美国、加拿大、英国和德国消费者调查中，针对"到经常购物的超市购买商品时，发现价格上涨了10%，你怎么办？"的问题，日本消费者中回答"到其他超市购买"占比达到57%，而其他国家此项回答比例在32%~40%，说明长期生活在价格不变国家的消费者，低价偏好倾向比较突出。作为企业来说，由于涨价会使客户流失，即使成本有一定上升，也尽量不涨价，甚至出现社长因产品涨价而向国民道歉的现象。价格和工资同时冻结，形成了日本独特的价格范式，同样也出现了通货膨胀预期的自我实现机制，即由于产品价格一直保持不变，消费者预期未来也不会涨价，生活费支出也不会发生改变，没有必要提出加薪要求。轮到企业行动时，由于没有劳动者的加薪要求，人头费维持不变，就没有理由提高产品价格，独特的日本式工资物价螺旋模式，实现了消费者和企业诉求的微妙平衡。

最后，基于2022年日本出现的物价动向，书中提出了日本摆脱通货紧缩的未来愿景。作者发现在2022年5月的5国消费者调查中，日本消费者的低价偏好出现了变化，回答"到其他超市购买"占比降至44%，9个月时间内比例降低了13%，这是消费者通货膨胀预期提升的表现，意识到价格上涨即将成为常态。另在同期进行的劳动者工资变化的5国消费者调查中，日本九成以上的劳动者回答工资没有发生变化。作者在此提示日本可能出现的两个场景：一个场景是物价持续上升，工资继续维持现状，陷入经济停滞和通货膨胀的最坏状态；另一个场景是转向与欧美国家相同的范式，提高工资水平，实现工资和物价的良性循环。作者迫切期望的是出现第二个场景，并设计了具体的实现路径，即第一步已经迈出，就是消费者的通货膨胀预期有了提高，开始改善讨厌涨价的心理预期。下一步就是企业如何改变价格冻结惯例，将原材料成本上升负担转嫁到产品价格上。最后一个难以跨越的障碍，就是企业能否积极地为劳动者提高工资。

本书日文版本的出版到现在已经一年有余，日本国内的确出现了两个迹象。其一是出现了作者所预想的"工资解冻"现象。据日本经团联统计，2023年春季劳资协商期间，日本工会要求提薪5%，大企业加薪率为3.99%，比2022年实际提高1.72%，平均工资提高5 800日元，达到13 362日元，这是时隔30年来的最高水平。日本全国84.8%的企业提高了工资，高于2013年的80%，其中大企业为89.9%，中小企业为

84.2%，日本人事院也要求公务员提薪2.7%，这也是29年以来首次提高公务员工资水平。其二是出现了远超作者预期的CPI上涨情况。日本消费者自2022年5月出现上调通胀预期，到2022年第四季度CPI同比上涨4%，扣除生鲜食品的核心CPI也同比上涨达3.6%。正像作者在中文版序中所说的，这是作者怎么也没有想到的。但是对于外界普遍关心的日本是否彻底摆脱了通货紧缩慢性病这一核心问题，作者还是持谨慎态度，并没有提出明确的观点，对此我们期望作者能够通过更深入的研究给出答案。

裴桂芬

于河北大学主楼

2023年11月

目录

第1章 为什么世界进入通货膨胀时代？
——重大误解和两个谜团 / 1

全球通货膨胀来袭 / 3
通货膨胀的原因不是俄乌冲突 / 8
通货膨胀的真凶是疫情传播？ / 14
更大更深的谜团 / 25
正在改变的经济运行机制 / 35

第2章 疫情如何愚弄了全球经济
和经济学家 / 37

人祸和天灾 / 39
什么带来了经济损失——经济学家的误读 / 47
向全球传播的是信息和恐惧 / 57
通货膨胀终于来了 / 67

第3章 作为疫情"后遗症"的
全球性通货膨胀 / 77

世界正在发生变化 / 79
中央银行是如何抑制通货膨胀的 / 82

现代物价理论忽视的因素 / 93
　　"经济服务化"趋势的逆转——消费者行为变异 / 103
　　已经不再回归职场——劳动者行为变异 / 111
　　去全球化——企业行为变异 / 120
　　"3个后遗症"形成的"新价格体系" / 125

第4章　"两种病痛"的折磨
　　　　——慢性通货紧缩 + 急性通货膨胀 / 131

　　落伍的日本 / 133
　　作为"慢性病"的通货紧缩 / 143
　　通货紧缩为何在日本如此根深蒂固 / 151
　　变化的迹象和两个场景 / 157

第5章　世界各国如何抗击
　　　　此次通货膨胀 / 179

　　欧美中央银行面临的矛盾和局限 / 181
　　对"工资物价螺旋式上升"的担忧与"冻结工资" / 188
　　日本式工资物价螺旋模式 / 199

参考文献 / 221

第1章

为什么世界进入通货膨胀时代?
——重大误解和两个谜团

全球通货膨胀来袭

"低通货膨胀"时代——雷曼事件冲击后的"历史性拐点"

全球备受通货膨胀的困扰已经是很久之前的事儿了。当然，局部爆发的通货膨胀，也就是物价上涨，给经济活动以及国民生活带来不利影响的事件还时有发生，但是，在欧美主要发达国家同时出现8%~9%的高通货膨胀率，却是近年来从未有过的。21世纪第一个10年后半期以来，许多国家甚至将"过低通货膨胀率"视为重要的政策难题，特别是日本长时期陷入"通货紧缩"（与通货膨胀完全相反，物价怎么也提升不上去，或者处于下降趋势）。因此，摆脱通货紧缩成为日本政府的最重要课题（第4章将详细论述）。

全球进入低通胀时代的转折点，是2008年爆发的雷曼事件。对于全球性金融危机，我想每个人都还记忆犹新。雷曼兄弟公司作为全球规模最大的金融机构之一（当时美国的第四大投资银行）突然宣布破产，成为全球性股价暴跌、金融动荡和金融危机的导火索。

雷曼事件是自20世纪20—30年代席卷全球的"大萧条"以来最严重的金融危机。起爆点虽然是在美国，日本也受到波及并出现了严重的经济危机。企业裁减非正式员工成为一个社会问题，也许很多人都看到过东京日比谷公园设立援助受裁员影响无家可归者"过年避难所"的报道。

金融危机导致经济活动停滞，当经济陷入危机时应该采取怎样的对策？中央银行的作用至关重要。中央银行是世界各国掌管货币发行和从事金融调控职能的机构，日本银行是日本的央行，美国央行则是美联储（美国联邦储备系统，英文简写为FED）。

当经济陷入危机时，中央银行迅速采取措施降低利率，以刺激经济复苏。利率下降使企业借款增加，进而增加货物与服务购买，或者增加投资，以此期冀刺激经济活动。激活经济活动后，由于货物与服务需求增加，又会逐渐推动物价上涨，超过一定限度后就会形成通货膨胀。因此，中央银行要在适度物价水平上调控利率，利用种种手段努力控制物价上涨，这是一直以来中央银行的基本职责。如果长期放任通货膨胀不管，物价自然会越来越高，这也是常识中的常识。因此，中央银行承担了"稳定物价"的使命，它们最关心的是如何让过高的物价水平降下来。

但是在雷曼事件冲击之后，虽然经济进入恢复通道，通货膨胀率却始终处于偏低水平。不知为何，全球进入"低通货膨胀"通道，物价难以提升成为常态。

改变全球经济的三大要因

全球主要发达国家甚至担心，持续的低通货膨胀有可能陷入日本式的长期性通货紧缩。这些国家将同时大范围持续出现的低通货膨胀称为"日本化"通胀，那些中央银行甚至宣称"绝不能像日本那样"，并为对抗低通货膨胀采取了各式各样的货币政策。即使如此，发达国家的通胀水平依然没有恢复到期望的水平。

雷曼事件冲击后出现的全球性低通货膨胀主要源于以下3个方面。

第一是经济全球化。贸易网络遍布世界各地，企业为了追求尽可能低的成本在全球范围内进行产业布局。没有赶上这一潮流的企业如果提高产品价格，或者将原材料成本价格转嫁到产品价格上，订单立即会流向其他国家或其他公司。经济全球化使产品价格很难提升。

第二是人口老龄化和出生人口下降。少子高龄化导致劳动人口减少，意味着未来GDP下降和居民收入降低。预期未来收入下降时，人们就会减少当前消费，为未来考虑而增加储蓄。少子高龄化成为价格下降的推动力。

第三是技术革新的饱和与生产效率的增长停滞。虽然信息通信技术和生命科学等领域的创新突飞猛进，但从经济整体来看，生产效率并不像预想的那样显著提高。因此，GDP增长缓慢，物价难以上涨。

上述因素都与影响各国经济活动的社会基础条件密切相关，比如各国的经济结构、人口结构、地理环境、行政和政治体系等，是不可能在几个季度或几年内就轻易改变的。中央银行在优化经济结构方面无能为力。即使政府想要通过政策手段改变经济结构，如改善人口老龄化和提高生育水平，也需要出台强有力的政策措施。结构性问题不是一朝一夕可以解决的。

从这个角度说，普遍的观点认为，21世纪第一个10年后半期开始的低通货膨胀并非偶然的一过性现象，今后还会持续很长时间。

高通胀突然袭击了长期抗争"低通胀"的世界

美国诺贝尔经济学奖获得者、宏观经济学家托马斯·萨金特（Thomas Sargent）在《征服美国通货膨胀》（The Conquest of American Inflation）一书中，高调宣布美国征服了通货膨胀。还有经济学家发出宣言，称"通货膨胀终结"（The Death of Inflation）。经济学读物中充斥着许多诸如"征服""终结"等醒目字眼，足以想见迄今为止的高通胀经历是多么痛苦，摆脱高通胀又是怎样艰难！

这些书都是在2000年左右出版的。之后经历了雷曼事件的冲击，直至21世纪20年代，整个世界所面临的难题都是低通货膨胀，等在前面的是更加严峻的日本化通货紧缩。这个场景已经成为发达国家政府、中央银行官员、市场从业者以及经济学家的共识。

"征服""终结"这些字眼本身也显示了高通货膨胀问题的严重性。实际上，按照经济学家的思维，若在通货膨胀初期通过货币政策干预，很容易消除通货膨胀的萌芽。这是由于我们拥有了长期征服通货膨胀的经验，且建立在这些经验基础上的物价理论也获得了长足的发展，因此，不仅是学者，许多中央银行专家都确信仅靠央行的货币紧缩政策，就完全可以应对所出现的任何物价上涨。

但不久人们发现这是过度自信了,一度成为历史的全球性通货膨胀强势来袭。同时,还颠覆了迄今为止经济学家和中央银行专家的基本常识,留下了巨大的谜团。

通货膨胀的原因不是俄乌冲突

媒体炒作和专家见解的差异

根据迄今为止的描述,我想很多人都不明白这个谜团到底是什么。如果要问2022年年初发生了什么事件,大家都会想到是俄乌冲突,除此之外好像没有任何其他原因可以引发通货膨胀。

俄乌冲突引发的混乱以及经济制裁,导致俄罗斯原油和天然气等化石能源价格上涨、来自乌克兰的小麦等粮食供应中断,这些的确都推动了价格上涨。这些商品价格上涨波及所有其他商品进而引发通货膨胀——这是显而易见的,如果将俄乌冲突视为谜底,也并不奇怪。

日本的各类媒体就是这样反复炒作的,乍听起来好像很有道理,但是包括我在内的经济学家却认为,当前全球性通货膨胀的原因不能归结为俄乌冲突。

俄乌冲突不是通胀的主要原因，这么说的话或许你会感到吃惊，而这并不单纯是我自己的观点，也不是脱离正统经济学理论的奇谈怪论。活跃在世界各国的中央银行的经济学家和经济学界的主流学者已经就这个观点达成共识。这意味着专家的见解与社会舆情（尤其是日本媒体）之间存在很大差异。

当然，我们这些专家也并不总是正确的。实际上，后面还要讲到，在分析此次通货膨胀问题时，学界曾出现了严重的"误诊"现象（我也不例外，下一章会说明我的"失误"）。就俄乌冲突对物价的影响，若干年后回过头来看，或许还能发现专家的上述观点也是错误的。这是因为当前的事态每时每刻还在发生着变化，这是必须承认的一点。

本书尽量基于所观察到的数据，简单明了地说明数据中隐藏的信息，这绝不是片面判断或者无端臆想，是以事实中发现的现象为基础，阐明为什么全球性通货膨胀卷土重来成了谜团。

通货膨胀始于2021年

将俄乌冲突视为通货膨胀的最主要原因，是非常直观和容易理解的。作为经济制裁的一环，欧洲限制了从俄罗斯的能源进口是事实。从西方世界整体看，就被说成是原油供应量大幅下降，带来原油价格上升。小麦价格也同样，作为欧洲粮仓的乌克兰小麦出口，因俄乌冲突受阻进而影响了小麦价格。的确，货物短缺引发价格上涨，这是非常简单的道理。

但实际上这些因素只是推高物价的原因之一，绝不能说是最主要的原因。为什么这么说呢？这是由于美国、英国以及整个欧洲的物价自2021年春季就开始出现了上涨，意味着物价上涨开始于俄乌冲突之前，这是不应将俄乌冲突归结为通货膨胀主要原因的有力证据。

从数据也可以确认这一点。图1-1显示了众多专家对美国、英国和欧元区通胀率预测值变化的轨迹。预测值是各国智库以及金融机构专家基于多种信息对未来通胀水平做出的预测，应该属于专业人士关于通胀的预测。

这些专业预测并不是一个国家只有一个，而是存在很多预测，对多个专业预测数值进行平均，就可以得到偏差最小的数值。图1-1就是根据这样的数据描绘出来的，反映的是专家在不同时间节点（横坐标）预测的2022年美国、英国及欧元区的通胀水平。预测对象是固定的，随着预测时间的推移预测值出现了非常大的变化。

具体看图1-1。2021年1月预测美国2022年全年通胀水平为2.2%，这与美联储制定的2%通胀目标非常接近，可以说是

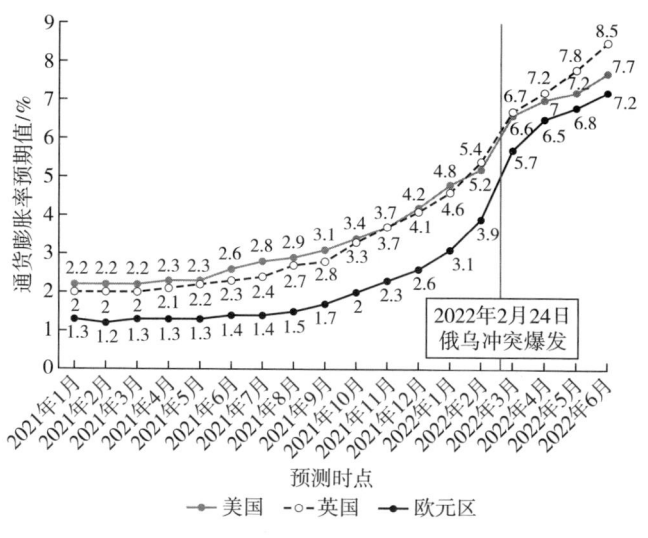

图 1-1　专家预测的通货膨胀率水平

一个理想水平。但是2021年春季预测值开始提高，意味着专家从此时开始上调美国2022年通货膨胀预期。也就是从这个时间点开始，专家普遍感到未来形势不妙，从这张图中可以清晰地看出这一点。同样的变化也出现在英国及欧元区，只是时间稍晚一些。

中央银行忽视2021年物价上涨的原因

图 1-1 可以说明，2021 年通货膨胀率已经出现缓慢提升，但当时各国中央银行认为这种物价上涨不可能持续，也就没有采取相应的政策措施。

就像前面所讲过的，如果物价上涨成为重要的经济问题，中央银行就应该立即提高利率，也就是紧缩经济，缓慢地抑制经济活动。

但在当时新冠疫情肆虐的背景下，如何从应对疫情的措施中恢复经济活动是至关重要的优先课题。为了不妨碍这一政策目标的实现，各国自然都极力避免采取紧缩性货币政策。我想各国就是出于这种考虑而忽视了当时的物价上涨问题。

当时美国中央银行美联储的主席杰罗姆·鲍威尔（Jerome Powell）认为，物价上涨是暂时性的（transitory），这个言论在经济类媒体迅速传播，并成为一段时期的流行语。

当时的物价上涨到底是不是暂时现象，在各国智库和金融机构等的经济学家中也存在分歧。否认物价上涨是暂时性的人们，将笃信暂时性的一批人讽刺地称为"暂时通胀派"（team transitory），如此闹剧广泛传播。此后，"暂时通胀派"逐渐失势，到2021年秋，专家们普遍意识到通货膨胀已经相当严重。

在2021年到2022年2月的一年多时间，美国和英国的通货膨胀预测值大幅提升，美国提升了3个百分点，英国提升3.4个百分点，比美英国家稍晚些物价上涨的欧洲也提高了2.6个百分点。新冠疫情暴发之前，各国都在为不能成功实现2%的通胀率目标而苦恼，而在疫情后期重启经济之时，仅仅在一年稍多的时间就远远超过了2%的通胀率目标。

俄乌冲突的影响有多大——来自专家的预估

2022年2月24日俄乌冲突爆发。受这一事件影响，与2022年2月相比，美国、英国和欧元区3月的通胀预测值上调了1.3~1.8个百分点，这意味着基于俄乌冲突爆发，专家判断未来的物价上涨会更加严重。此后，专家们对未来的走势更加悲观，预测值不断上升。这时，各国中央银行不得不承认这次通货膨胀不是暂时性的。作为英国中央银行的英格兰银行率先在2021年12月提高了政策利率，2022年3月美联储加息，欧洲中央银行也于2022年7月提高了政策利率。

俄乌冲突爆发后，已经形成的通货膨胀进一步加速，这在学界达成共识。也就是说，物价上涨绝不是完全没有受到俄乌冲突的影响。但是要问俄乌冲突的影响到底有多大，似乎又并不是一个决定性的原因。

根据专家预测，2022年3月俄乌冲突爆发后2022年美国通胀率比2月份上调了1.4个百分点，离战场最近的欧元区大幅上调1.8个百分点。总体来说，俄乌冲突对各国通胀率的拉动效应大概为1.5个百分点。其他有关俄乌冲突爆发与通胀率之间关系的研究报告得出的结论也显示，俄乌冲突对通胀率的影响基本维持在这个幅度。

到2022年夏季，与上一年相比的欧美实际通胀率已经在8%~9%的高位徘徊，如果俄乌冲突的影响为1.5%的话，还剩下很大一部分。这意味着即使非常幸运地俄乌冲突能够早日结束，很大的可能性是全球性通货膨胀还会持续下去。

通货膨胀的真凶是疫情传播？

2020年的大事件——全球系统性危机

既然俄乌冲突不是通货膨胀的罪魁祸首，那就必然存在其他嫌犯。请思考一下，物价开始上涨的2021年前后发生了什么？如果要问对整个世界都产生重大影响的事件，自然都会想到新冠疫情暴发。

2020年年初，全球突然受到新型病毒大流行的威胁。我们的生活随即发生改变，经济活动迅速陷入停滞，结果到2020年3月全球经济陷入快速衰退。当时中央银行的政策决策者都在担心，景气衰退将进一步降低通货膨胀水平。

但是，疫情暴发以完全不同的范式对经济体系发起了挑战，就是让21世纪经济全球化快速发展而构筑起的全球物流网络陷入瘫痪。

现代社会的商品生产和供应，是通过遍布世界的物流网络体系，将世界各地的劳动力和工厂相互连接在一起的。比如苹果公司的手机，产品开发业务在美国，组装产品所需的半导体等零部件生产主要是日本、韩国和美国企业，负责零部件筹集和组装的是中国企业。

全球化的跨国公司基于加工精度、交货及时性和成本最小化原则，在世界范围内布局一个个独立工序，这种全球化的供应体系被称为"供应链"。

新冠病毒大流行直接攻击了分布在世界各地人员密集的生产设备及物流基地，切断了全球供应链网络。

中国台湾半导体产品出货出现延迟，日本的汽车厂商就不得不向顾客推迟交货；中国上海港口设施停摆，中国深圳生产的零部件不能运出，欧洲的智能手机就会脱销；加拿大肉食养殖场的出栏数大幅下降，中国因此出现了前所未有的猪肉短缺。

全球供应链中断、世界各地出现产品短缺时，会出现什么状况？价格上涨。

谁都认为已经成为过去的通货膨胀，时隔半个世纪，似乎就是等待世界变得毫无防备的一瞬间再次来袭。

疫情已近尾声,影响为何现在显现

读到这里,大概好多人还是不能完全理解这次通货膨胀。

的确,2020年全球遭受了新冠病毒大流行的重大影响,但是,进入2022年,全球范围内开始重启经济活动,美国和欧洲的一部分国家不戴口罩的生活成为常态,这个情景似乎是回到了疫情前的状态。而在这个时候物价开始发威,你可能会想这不是互相矛盾的吗?

这个质疑是对的,通货膨胀的谜底也就在这里。

回顾一下,正像前面数据所显示的,2021年春季物价预期开始提升。这个阶段英国人已经开始接种疫苗,虽然感染还在持续,由于普及了佩戴口罩或保持社交距离等防疫措施,全球范围内已经克服了疫情初期的恐慌心理。

之后疫苗接种在全球范围迅速推广,同时随着医疗技术的创新和发展,感染死亡人数急剧下降。2022年春季以后欧美国家经济率先开始恢复,人们几乎可以不戴口罩外出活动,餐厅也恢复了堂食和休闲娱乐。可以说这些国家已经结束了新冠病毒大流行。

问题是,这个时期已经攀升的物价上涨速度并没有放缓。

如果我们认为新冠病毒流行是通货膨胀的罪魁祸首的话,

通货膨胀应该出现在疫情最严峻的时间节点，而实际上通货膨胀却出现在了人们对新冠病毒的认识逐渐深入、对策开始生效、疫情进入相对稳定的时期。

应该怎么理解这种时间上的滞后？正像前面所说的，在此之前包括我在内的研究人员都认为，疫情可能就是通货膨胀的真凶（再次重申，俄乌冲突不是通货膨胀的真凶）。如果这个判断正确的话，那么新冠病毒大流行背景下，到底是在哪里、由谁以及怎样引发了通货膨胀？这是必须弄清楚的问题。

疫情没有带来经济体系的变化吗

在新冠病毒威胁笼罩的世界，全球都经历了2020年到2021年两年的居家生活。居家生活过程中人们尽量避免外出，减少人与人的面对面接触，暂停了家庭以外的消费和工作。与疫情前相比，所有经济活动基本停滞。世界各国或多或少出现了一些相似现象。

很多经济学家并没有充分重视两年居家生活所带来的问题，认为病毒感染得到控制后经济就会迅速恢复。之所以出现这种想法，是由于虽说经济活动出现了停滞，但疫情并没有伤及物质生产体系。

支撑生产活动的是资本、劳动和技术3个要素。资本是生产产品所需要的设备,或者是提供服务的建筑物等。劳动就是像我们这样的劳动者在工厂、办公室或者商店等的工作。技术是货物或服务生产过程中使用的专业知识。

人类经历了很多自然灾害或战争,这些事件都给经济活动留下了难以磨灭的痕迹,其中日本最为熟悉的自然灾害就是地震。地震毁坏了工厂和办公楼等设施,这就是资本的损毁,另外,地震夺走了很多人的生命,劳动也受到影响。由于资本和劳动是在一瞬间消失的,怎么也不能像以前那样维持生产活动。资本的修复需要很长时间和很多金钱,劳动的复原需要的时间更长。因此,地震刚刚发生后谁也不会考虑经济活动能够马上恢复到从前的水平。

那么,这次经济学家认为疫情结束后经济活动将恢复如初的原因又是什么呢?这是由于他们认为疫情没有伤及资本、劳动和技术这些基本生产要素。在居家办公过程中,经济运行所需要的资本显著下降,但这只是一时的闲置,机器、设备和建筑物并没有消失,与地震灾害的结果有很大差异。

另一方面,劳动要素的问题稍微复杂一些。一方面出现了失业,这是劳动力的闲置,这与资本闲置一样,不会阻碍经济活动重启。另一方面,疫情带来人员死亡,与地震一样带来了劳动的损伤。综合分析这两个因素,怎样评价疫情对劳动的影响呢？

实际上，与过去的重大流行病对比，特别是与1918—1920年西班牙流感以及14世纪的黑死病相比，这次新冠病毒流行的死亡数量非常少，并且由于新冠病毒的特殊性，重症化病例集中在高龄人口，年富力强年龄段的劳动者受到的影响相对较小。从这个角度来说，学界评价疫情暴发对劳动的影响相对较小。

从技术方面看，这两年并没有出现让国民生活发生根本性改善或退步的技术变化。两年间网络购物和远程办公迅速普及，支撑这些经济活动的技术都是以前已经存在的（如通过网络的视频会议以及云数据的共享系统等）。

这就是说，新冠疫情前后支撑经济活动的资本、劳动和技术这些基本要素没有发生根本性的变化。因此，专家认为居家生活结束后，全球经济就会回到原先的轨道。

现实背离了经济学家的预期

实际上，从疫情结束经济活动重启进程看，现实生产表现背离了经济学家的预期，并没有迅速得到恢复。生产活动赶不上需求的变化，也就是需求远超供给的非均衡状态出现在经济活动的方方面面，供不应求状况引发物价上涨。

地震发生后工厂设备受损，无法正常生产，会出现物价上涨。东日本大地震发生后就是这种状况。第二次世界大战刚刚结束后，日本各地一片废墟，由于大量人员伤亡，工厂关闭，人手短缺，生产难以为继，也爆发了恶性通货膨胀。

我们来回顾一下，这次的疫情与以前不大相同。支撑经济活动的资本、劳动和技术要素几乎没有受到大的损伤，经济活动自然就应该像经济学家所预期的那样迅速恢复生产，为什么这时却出现了生产不足的状况呢？

经济学家预测时遗漏了什么重要的内容？如果融入对自身反省的话，我认为包括我在内的经济学家都没有正确把握新冠病毒大流行对实体经济的影响路径，那么，到底误读了什么呢？

意料之外的劳动者和消费者行为改变

两年的居家生活结束了，我们重新回到了社会。经济学家设计的场景是劳动者回到职场，就像什么也没有发生一样继续从事原来的生产活动，消费者回归消费现场，也像什么也没有发生一样开展与从前相同的消费活动。的确，劳动者和消费者基本上是按照这个设想开始了行动。

但是若深入分析一下数据，就会发现劳动者和消费者的行为已经偏离了预定轨道。比如，习惯远程办公的员工拒绝回到原来的工厂或办公室。出现了许多因不愿承担按时上下班义务而跳槽的年轻人，中老年人则考虑若不能跳槽就早点退休。劳动力供给减少导致货物和服务供给下降，引发供求不平衡。

消费者行为也出现了预想外的变化。为了避开人员密集的场所，或者保持与他人物理上的距离，我们的生活方式发生了改变。与此相适应，在哪里消费和消费什么都发生了变化。那些消费者集中消费的产品，因生产能力不足而引发价格上涨。

难以出现的"同步性"现象

为什么劳动者与消费者出现了上述异常行动（以下称为行为变异）？行为变异持续到了什么程度？每个个体的行为变异乍一看是微不足道的，为什么却具有撼动宏观物价的巨大影响力呢？带着全新的疑问，经济学家开始观察长期居家生活回归社会后的劳动者和消费者行为变化，并分析行为变异对物价变化的影响。

就这些疑问谁都能有自己的答案，迄今为止的经济学界也没有达成共识。另外，人们刚刚回归社会，数据的积累也不充分。但是在我看来，这是未来的研究方向。

每个人微小的行为变化，为什么会引起宏观物价波动，并对整个社会产生影响？我想起了一个关键词。

许多经济学家对于疫情引发人类经济行为的变化问题，发表了许多有价值的观点。一个共同观点是，在人类社会与病毒战斗的过程中，世界上的所有人都采取了相同的行动，最典型的就是"居家生活"。当重启经济活动时，劳动者和消费者的行为也出现了趋同性，表现这一特征的关键词就是"同步性"。

通常人们的经济行为不会出现同步。比如，某个人不去饭店吃饭，饭店的客源就会减少，出现这种状况，服务员的服务接待就会更加周到，其他人也许就会到这家饭店用餐。正所谓"塞翁失马焉知非福"，有人采取某些行动，其他人或许采取完全相反的行动。由于这种机制的存在，整个社会维持稳定运行。

股票的买卖也是同理。当一位投资者卖出自以为前景暗淡的某一只股票时，其他投资者正想买入该只股票，买卖配对才能完成交易。有着不同愿望的众多投资者参与股票市场买卖，才能实现股票市场的稳定。假如所有人都想卖出某种股票，所有人的卖出完全同步的话，必然引起市场的崩盘。

不同国家之间出现同步现象更是相当罕见的，这是由于地理、政治和经济等各种基础要素完全不同的国家很难出现同步行为。因此，所有国家同时出现同一现象通常是不可能的，而新冠疫情暴发将不可能变成可能。

新冠疫情下，人们采取相同行动的理由是很简单的。由于对于世界上所有人来说，病毒是共同的敌人，人类终于形成了对抗新冠病毒的统一战线，共同抗击疫情挽救生命，我认为这是此次疫情的最大成果，应该大加褒奖。但是作为共同抗疫的副作用，就是出现了此前常识不能解释的宏观经济现象，最典型的就是困扰人类的通货膨胀。

从共同抗疫的角度来说，同步现象是可取的，这是由于一个国家的所有人，或者世界上所有国家的人同时居家可以预防感染扩大。就是在估计人员稀少的时间段外出上街转悠，也是不可能有效防控病毒的。但是从经济稳定的角度来说，同步带来的问题却是极其严重的。

每个人的细微行为出现同步，都会给宏观层面带来巨大影响，按照前面的分析，这种事态一般情况下是不可能出现的。因此，目前对于这个问题的数据和知识积累都还很不充分。正因为如此，这一同步现象正像我们从未经历过的狂涛巨浪一样，严重改变了全球经济的运行轨迹。

爽约的预言

如果说通货膨胀源于人们的同步行为，那么在预测未来通货膨胀走势时，有必要明确人类行为的变化轨迹。对于这一点学术界没有达成共识，或者坦白地说，谁也说不清楚。不过，在我看来，虽然有些事情说不明白，但有些事情还是可以说清楚的。

就在通货膨胀刚刚爆发之时，有人曾谨慎地推测通货膨胀的原因是源于人们的行为模式转变，同时又认为行为模式的转变并不会长久持续。在美国，持这种想法的人不在少数。人们刚刚从居家生活回归社会，居家形成的习惯还没有改变，总有一天这些习惯会消失，完全回归正常行为——在公开的文件中经常可以看到类似的观点，并多次出现在研究人员和专家的谈话中，甚至有人信心满满地断定下个月的统计数据就可以证实这一点。而实际的结果是，下个月的统计数据、再下个月的统计数据都没有验证他们的预言。

有"备"无患

在这个现象反复出现的过程中，我发现"居家结束后经济就会回到从前"的信念，只不过是经济学家的一厢情愿。

当然，根据这一信念，所有的经济冲击都可以恢复如初。我现在也没有证据否定这种可能性，也许它就是正确的。但是从这些经济学家过度乐观的角度来说，肯定是存在问题的。迄今为止每个月发布的统计信息，都没有验证他们的信念，这个事实不应该被忽视。

退一万步讲，即便按照他们的信念，经济有很大概率恢复常态，既然不能恢复的概率不是零，为可能出现的小概率事件思考应对之策，是否还是明智之举呢？也就是说，作为经济运行的风险管理原则，不管小概率事件出现的概率有多低，都应该从现在开始切实做好应对经济无法恢复常态的准备工作。如果最终经济恢复了常态，就算是杞人忧天，万一经济不能恢复常态，这些准备就会派上用场。

在本书中，我的想法与标准的经济学家相比，属于比较悲观的一派，倾向于经济难以恢复常态。一个理由是，刚刚说过的作为经济不能恢复常态的"保险"装置，另一个理由是基于数据分析。

截至2022年夏季的数据，清晰地显示劳动者和消费者行为变异依然存续在经济活动的方方面面，而当深入反复思考变异的形成原因后，我发现这些变异短期内不会得到改变，还将持续很长时间。关于这一点，我将在第二章之后详细介绍。

更大更深的谜团

预料之外的通货膨胀

实际上，通货膨胀之谜并不专指为什么出现了通货膨胀，更大更深的谜团是不知道怎么应对当前的通货膨胀。

当然，当前原因并不清晰的通货膨胀，也不意味着我们什么都不做而静观事态发展。世界各国的中央银行为了抑制物价上涨，回归通货膨胀目标，已经采取了紧缩性货币政策。预期美国2022年全年提高政策利率会超过4个百分点，[①]这是近年来从未有过的大幅加息。

那么，中央银行对于这种应对措施的效果是否有充分自信呢？实际上并没有。2021年春季开始的通货膨胀，完全出乎各国中央银行的预料。就像之前介绍的美联储使用"暂时性"评价当时的通货膨胀，中央银行完全没有预料到通货膨胀会发展到如此地步。

日本媒体密集报道美国的物价上涨情况，也关注了美联储的货币政策。实际上不仅是美联储，世界各国的中央银行最初也都没有采取相应对策，就在这个过程中又爆发了俄乌冲突，各国中央银行才不得不果断地采取紧缩性货币政策。

导致这一事态的原因有两个方面。一是前文提及的中央银行的"懈怠"和"过于自信"。中央银行坚信全球已经进入低通胀时代，不会发生高通货膨胀，即使发生了，也完全

---

① 这是截至作者写作本书时的预测值。2022年美联储实际加息4.25个百分点。——编者注

可以运用紧缩性货币政策加以制止。二是经济学家和中央银行长期赖以分析预测通货膨胀的工具——"菲利普斯曲线"失效了。

被斩断的救命稻草——"菲利普斯曲线"变异

图1-2显示的菲利普斯曲线表明了失业率与通货膨胀率之间的关系，这是1958年英国经济学家威廉·菲利普斯提出的。横轴是失业率，纵轴是通货膨胀率。基于历史数据，失业率升高时通货膨胀率降低，反之，失业率降低时通货膨胀率升高。将所有点连接起来看，像一条向右下方倾斜的曲线，这就是菲利普斯曲线。

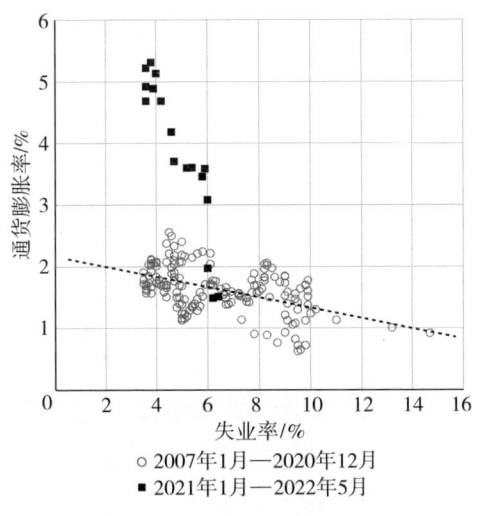

○ 2007年1月—2020年12月
■ 2021年1月—2022年5月

图1-2 美国的菲利普斯曲线

美联储发布的政策目标是，同时实现物价稳定和充分就业，这正是菲利普斯曲线所描绘的最佳状态。过度增加就业会带来物价上涨，美联储就会采取紧缩性货币政策为景气降温，反之就会采取宽松性货币政策刺激经济增长。还有好多国家的央行都像日本央行一样，并没有将就业稳定作为央行的政策目标，即使在这样的央行，在分析预测经济形势时也都会相当重视失业率数据。菲利普斯曲线成为世界各国中央银行研究和制定货币政策时最信赖的工具。

问题是，2021年4月以后的通货膨胀率，显然脱离了菲利普斯曲线的轨迹。

从图1-2可以明确这一点。圆点是2020年之前的数据，虚线表示二者的趋势线。大致来说，失业率每降低1个百分点，物价上涨0.1个百分点。带着这个意识，我们观察现在出现了什么状况。

疫情结束后随着经济重启后的需求增加，失业率自然会得到改善。但截至2020年的统计显示，虽然失业率得到了很大改善，物价的上涨幅度却很小。经济重启之际，美联储的经济学家普遍认为，或许通胀率会超过所设定的2%的目标，但不会出现太大的背离。

实际上，当经济进入重启阶段后，现实状况与预期出现了巨大偏差。图1-2中的方点是2021年以后的数据，显示在此期间失业率降低了2%，通胀率从不到2%提高到5%，这个现象很显然脱离了过去的趋势线，意味着伴随失业率改善所带来的现实物价上涨，已经远远超过了基于历史数据应该有的上涨幅度。

对于经济重启对通货膨胀的影响做出如此严重的误判，美联储的经济学家一定会感到吃惊。对于迄今为止长期依赖的菲利普斯曲线突然失效，他们肯定更加震惊。为什么这么说呢？这是由于如果不能使用菲利普斯曲线，就意味着中央银行失去了预测物价上涨的依据。

对于这次的通货膨胀，世界各国中央银行之所以会不知所措，是因为它们曾经高度信赖并作为政策依据的菲利普斯曲线失去了神通。

这种状况到2022年没有发生任何改变。尽管欧美国家的中央银行暂时上调了利率，但这并不是基于加息能对通货膨胀率产生抑制效果的准确预估，而是试着稍微上调利率，用统计数据确认通货膨胀的反应，反应不充分时继续调高利率，属于摸着石头过河的模式。对于菲利普斯曲线的变形，将在第3章以后详细分析。

到底是需求过于旺盛，还是供给严重短缺

之前的通货膨胀是由总体经济需求远远超过供给的供求不平衡所引发的。以新冠疫情暴发为时间节点，全球经济已经由低通胀下的需求不足范式转向完全相反的供给短缺范式。

说到供给短缺，存在两种状况，一是文字上理解的供给不足，另一个是供给没有变化但需求过于旺盛，可以说包括供给太少和需求太多两大类。

关于这次的通货膨胀到底属于哪一类，学界还存在着激烈的争论，本书将在第2章展开分析，这里仅运用菲利普斯曲线做些简单的思考。

假如是后者即需求过于旺盛的话，反映旺盛需求的是失业率大幅改善。因此，菲利普斯曲线应该沿着虚线向左上方移动。现实的轨迹（方点）却没有沿着虚线移动，而是脱离曲线到了虚线上方。这个现象说明，此次通货膨胀不是由需求过多，而是由供给短缺所引起的。第3章将详细说明这个问题。

中央银行对"供给侧"无计可施

那么，对于供给短缺引发的通货膨胀，中央银行应该如何应对呢？通货膨胀的原因已经明确是供给不足，解决供给不足

才是正道。但实际上，中央银行并不具备解决供给问题的能力，这也成为此次通货膨胀更加复杂的原因。

说到这里可能很多读者要质疑，中央银行就是抑制通货膨胀的组织机构，不能应对此次通胀意味着什么？说中央银行不能应对，那欧美国家的中央银行不都在提高利率高调应对通货膨胀吗？当然，中央银行的使命就是抑制通货膨胀，作为抑制通胀的手段则是提高利率，一向如此，这是专门针对需求过于旺盛的通货膨胀的方法，而此次的通货膨胀并不是需求过剩所引发的。

比如，当中央银行判断旺盛的需求导致通货膨胀率远远超过适当的通胀目标时，就会提高政策利率水平。政策利率提高会带来与之联动的住房贷款利率提升，购房者的贷款数量下降，结果是降低购房需求，同时，与新房购置相关的家具及家电等的需求也会降低。针对这种需求过剩的通货膨胀，中央银行的有力武器就是提高政策利率。迄今为止，各国中央银行对抗通货膨胀大多是这种模式。

与之相对应，如果中央银行也通过提高利率应对供给不足引发的通货膨胀，会出现什么状况呢？前面已经讲过，利率上升会降低对住房等的需求，如果利率不断上升的话，供给会减少，最终需求降至与缩小的供给相一致的水平，也可以实现供求平衡。欧美中央银行就是暂且搁置"供给短缺"这一本质问题，通过提高利率"降低需求"，使之适应下降的供给水平。乍一看，"降低需求"作为"供给短缺"对策手段好像也有一定道理，但若深入思考的话，这属于不受欢迎的缩小均衡。

之所以这样做，是由于中央银行没有直接应对供给不足的政策工具，如果有的话，也不会这么做。如何增加供给？采取什么措施才能增加供给？下面以石油为例具体说明。随着欧美国家为主导进入经济重启阶段，对石油的需求迅速增加，而相对于需求快速增加，产油国的供给并没有相应增加。这是由于近年来随着可再生能源开发降低了化石能源的使用，这已成为一个全球性潮流，石油价格一直在低水平徘徊。为此，产油国担心未来业绩继续恶化，降低了对石油设备的投资。

经济重启后石油需求陡然升高，而原油生产由于平时投资不足产量处于缓慢下降状态。在产油国没有充分准备的状态下，突然要求增加原油产量，是无法产生效果的。

现在能做的就是，产油国和石油进口国相互协调增加投资，扩大生产能力。但即使增加了投资，也不是一朝一夕就会形成产出。要说该谁负责这项工作，那就是相关国家的政府。从这个例子可以看出，要应对供给不足引发的通货膨胀，需要先行的经济结构改革，这并不是中央银行的职责。

唯独困扰日本一个国家的问题

如何应对此次通货膨胀，日本的情况更加复杂。

20世纪90年代后半期以来，日本饱受1/4个世纪的物价不涨反而下降的"慢性通货紧缩"。在时任首相安倍晋三推动下，2013年就任日本银行行长的黑田东彦，立即出台了划时代的量化质化宽松货币政策（日语称为"异次元"宽松货币政策），不遗余力地试图摆脱慢性通货紧缩。

尽管这一货币政策实施已将近10年，日本依然没有摆脱通货紧缩，就在此时又冒出了"急性通货膨胀"这一性质完全不同的物价问题。急性通货膨胀是日本受到了海外通货膨胀波及，输入型通货膨胀推动国内物价上涨。久未经历物价上涨而不知所措的国民集体炮击黑田行长，要求做出解释。其实，现在日本是出现了急性通货膨胀与慢性通货紧缩同时并存的现象，这在全球范围内都是独一无二的。

那么，日本现在出现了通货膨胀，是否意味着摆脱了通货紧缩呢？相信有这个想法的人不少。自2022年以来，日本国内食品等价格上涨的新闻随处可见，物价体系的确发生了很大变化，但对于生活在日本的国民来说，通货紧缩依然还是最大的问题。这是由于物价上涨了，但工资没有提升，人们正站在可能陷入最坏状态的紧要关头，这也是我写作本书的另一大主旨。这里只提出观点，具体将在第4章以后详细论述。

通货紧缩已经持续了25年，改变了日本经济和社会的方方面面。最大的问题就是工资。工资就是劳动者工作的报酬，对于日本职员来说，印象中的涨工资好像早已远离现实。作为我自己来说，过去10年间工资几乎没有变化。好多人也许对不涨工资已经都不感到奇怪了，这也是唯有日本才有的特殊现象。

实际上，工资没有提升的原因在于物价没有上涨。如果在企业不提高产品价格的背景下提高员工工资，企业经营将难以为继。作为消费者和劳动者的我们来说，既然工资不能提高，如果价格不保持稳定的话，生活也会陷入困境。能够满足双方需求的最后折中方案就是工资和物价都不上涨。这种状态似乎还勉强说得过去，也可以说这是"通货紧缩慢性病"持续1/4个世纪之久的原因。

但是海外通货膨胀输入给日本带来的物价上涨，打破了这一绝妙的均衡。日本正站在需要做出抉择的十字路口，一条路是物价上涨了，工资依旧不上涨，这是谁都不想要的最坏状态；另一条路是让工资和物价每年保持适当的上升幅度，回归正常和健全的经济发展轨道。

正在改变的经济运行机制

本章大致描述了2022年世界所经历的通货膨胀谜团所在。我想大家已经明白，无论是此次通货膨胀的形成机制，还是应对方案，有许多问题还没有说清楚。

从下一章开始，我们会更加深入地解开通货膨胀的谜团。作为本章的结尾，这里简单梳理一下世界经济出现的重大变化，这正是此次通货膨胀的背景。

向新型价格体系过渡

如前所述，新冠疫情暴发带来消费者和劳动者的行为转变。居家生活结束后的行为变异，对各类货物和服务的生产与消费都产生了重大影响。消费需求增加的产品价格出现上涨，反之，消费需求下降的产品价格降低，不同产品出现了价格分化现象。

行为模式变异是一次性完成的，与此相适应的价格调整在某个时点也会完成，并不会永远持续下去。调整结束后一些产品价格上升，一些产品价格下降，在本书中，我将这一价格体系称为"新型价格体系"。赋名"体系"，是希望将此理解为各种产品价格的整体动态变化，所谓"新型"，是针对疫情结束后而言，意味着与疫情前相比，反映经济主体行为变异的全新价格体系。目前全球正向着新型价格体系过渡。

关于新型价格体系与疫情之前的价格体系有什么差异，第3章以后会详细分析。这里我想强调的是，我们不可能强行阻止价格体系转型，站在这个角度思考问题，我们就不应该"停止"，而应该"接受"这个转型。

在价格体系转型过程中，无论如何都会给社会及人们生活带来种种压力，如何缓解这些压力应该是各国政府和中央银行的职责。我一直认为，未来的课题就是如何实现价格体系的顺利转型。

第 2 章

疫情如何愚弄了全球经济
和经济学家

人祸和天灾

从未想到通货膨胀的经济学家

2020年新冠病毒在全球范围扩散，我们称之为新冠病毒大流行时期。欧美很多国家为了抑制感染扩散而采取了封城这一特别措施。2020年3月9日，意大利率先封城。日本于4月份发布了紧急事态宣言，大街上一片寂静，我想大家对此都还记忆犹新。

人们无法外出，中断了工作和购物等所有经济活动，全球经济立即陷入严重萧条。

当时，包括我在内的经济学界和中央银行经济学家就新冠病毒大流行对经济活动的影响问题展开了激烈讨论，其中的一个焦点就是未来的物价走势。在2020年，当时的经济学界没有一个人想到2021年会发生通货膨胀，不好意思，我也是其中一员。

尽管我现在以《通胀，还是通缩——全球经济迷思》为主题撰写本书，但实际上当初我也被新冠病毒大流行留给全球经济的谜团所困扰，本书是从我的心路历程开始，介绍我如何在跌跌撞撞的过程中一点点地接近谜底。通过与同行经济学家和学生们的相互交流，在学术报告上回答听众的提问，虽然不时也会说错话或有遗漏，但我还是有了一些发现，本书就是再现这个过程。

雷曼事件冲击是否再现

前面已经说过，面对疫情封城带来的经济停滞，经济学界所关注的是疫情给未来经济可能带来多大损失以及对物价产生怎样的影响，并探究具体的影响路径。

在这个过程中，专家学者对历史上曾经有过的重大事件开展了许多比较研究。一般是围绕自然灾害、战争或重大灾难性事件给经济带来损失的案例，聚焦当时受灾的根本原因、影响的扩散方式，分析经济损失对物价走势的冲击。通过比较研究，预测此次新冠病毒大流行的影响。

当时，很多研究人员率先想到的比较对象，就是前面讲过的雷曼事件。虽然雷曼事件已经过去10多年，但它是大萧条以来最大的一次经济冲击，也是最近发生的事件，研究人员都还记忆犹新。另外，从疫情暴发后股票暴跌的情形看，与雷曼事件冲击也有相似之处，所以最初很自然地就选择了雷曼事件进行比较研究。

但是，从结论来看，新冠疫情暴发对经济活动的影响与雷曼事件冲击的破坏性质是完全不同的。到底两者有什么不同，具体表现在哪些方面，是需要继续深入思考的。

人祸和天灾

关键的一点，雷曼事件是人祸。

雷曼事件的起爆点是美国住宅市场泡沫崩溃，与住宅贷款相关的金融产品价格暴跌，经营此类产品最多的雷曼兄弟公司破产。全球规模最大的巨型金融机构之一突然消失，全球经济受到连锁冲击，形成全球性金融危机。

从这一事件的最初形成到最后处置，自始至终都是人为因素导致的结果。从事不动产以及金融产品交易的投资者和筹资者，为了牟利而盲目投资和融资，推动了泡沫形成和膨胀；当这些金融产品出现一些破绽时，利益相关者为了最大限度降低损失而争先恐后地抛售。这是所有利益相关者基于自身判断而做出的理性选择。由此看来，这是典型的"人祸"。

作为人祸的雷曼事件对"需求"产生了很大影响。笼统地说，人们购买所需的货物和享受服务构成"消费需求"，企业建设厂房和购买设备，或者居民购买住宅的支出构成"投资需求"。

当时因雷曼兄弟公司破产，作为全球经济重要引擎的美国经济陷入严重危机。受其影响，全球范围内的消费者及经营者信心低落，开启了控制消费及减少投资的萧条模式。需求下降的结果，是订单越来越少，整个世界陷入严重的经济危机。

与此相对应，新冠病毒大流行是由新冠病毒这一非人为因素引发的，不是人祸，可以说是某种形式的天灾。在生成机制和影响方面，人祸和天灾有着完全不同的影响轨迹。

天灾毁坏制造货物和服务所使用的机器或设备，同时也会给生产货物和服务的劳动者带来伤害。企业雇佣劳动者使用机器设备制造出的货物和服务构成"供给"，天灾是给供给带来不利影响。也就是说，新冠病毒大流行是供给冲击，与雷曼事件的需求冲击是完全不同的。

实际上，我很早就注意到了这个差异，因此联想到了同样也是天灾的东日本大地震。

新冠疫情与东日本大地震的比较研究

对于日本来说，令人印象最为深刻的天灾就是地震，较近一次是2011年的东日本大地震，有很多研究地震受损规模及对经济影响的研究成果。

在日本东京大都市圈发布第一次紧急状态宣言之前的2020年4月，我向欧洲经济政策研究中心（Center for European Policy Research，简写为CEPR）[1]运营的门户网站投递了一篇工作论文。该论文是运用高频数据分析新冠病毒流行对日本国内消费和物价产生的影响。所谓高频数据，包括信用卡的结算数据，超市、便利店以及药妆店的销售额、价格（POS机）等数据。

一般来说，进行经济分析应该使用政府发布的统计数据，但由于当时日本政府还没有发布新冠病毒感染扩大后的统计数据，我不得不使用具有速报性质、及时跟踪经济细微变化的上述数据。这些数据在一定程度上可以替代政府统计，也被称为"另类数据"（alternative date）。另类数据在疫情之前就已经存在，以疫情扩散为契机，迅速得到了广泛的应用。不仅经济学家，各国政府、中央银行及智库，均将此作为分析新冠疫情引

---

[1] 欧洲经济政策研究中心作为欧洲经济研究界的学术阵地，有欧洲的NBER（美国国家经济研究局）之称。——译者注

发的经济危机不可或缺的工具。

运用另类数据对震灾和新冠疫情进行比较的结果发现，震灾和新冠疫情对国民消费产生了完全不同的影响。

东日本大地震时，人们是在预期物价上涨背景下选择行动。地震和海啸严重损毁了日本东北部地区的工厂设施，道路中断，物资匮乏迅速波及整个日本，自然会带来物价上涨。

与此相对应的是，受到新冠疫情冲击的人们是在预期价格下降背景下开始行动的。大多数人被迫窝在家里生活或工作时，由于消费减少必然带来景气恶化，结果人们预期物价会下降。这与东日本大地震时的涨价预期正好相反，完全不同的预期产生了不同的行动。

论文发出之后，我再次确认了新冠疫情与大地震的典型差异。地震损毁了制造货物和提供服务的机器设备或建筑物，对国民经济带来看得见的重大损失。与此相比，震灾带来当地居民的伤亡是很惨痛的，而从经济整体看，对日本劳动力供给并没有产生特别大的影响。相反，新冠疫情并没有对机器设备或建筑物产生很大影响，而对劳动力的影响却是非常严重的，劳动者或者失去了工作，或者因感染病毒失去了生命。从受灾主体来说，疫情和大地震也是完全不同的。

因此，新冠病毒大流行引发的经济损失，与雷曼事件和震灾相比都存在相当大的差异。

100年前的西班牙流感疫情

在分析疫情与震灾的差异之后，我继续将目光投向了过去的重大疫情事件，这就是1918—1920年传遍整个世界的西班牙流感。据说全世界5亿人感染，2%的世界人口因感染而死亡。当时我的想法是，新冠疫情与西班牙流感在感染症状之重、传播力之强和感染扩散之快等方面，都具有很大的相似性。

那么，西班牙流感暴发给经济带来怎样的危害呢？这里需要注意的是，西班牙流感的死亡集中在年富力强的中青年人群，对劳动力供给产生了重大影响。另外由于与现在相比，当时工厂生产制造主要依赖人力劳动，劳动人口的减少直接降低生产效率，所有物质生产活动陷入停滞，对物资供应产生了严重影响。另外，劳动人口减少导致劳动力争夺战，急需人手的雇主竞相提高工资吸引劳动者，也带来了工资上涨。

当时由于供给停滞和感染结束后需求反弹的双重作用，推动了物价上涨，全球范围内爆发了严重的通货膨胀。图2-1显示了西班牙流感对通货膨胀影响的估算结果。许多国家的通胀

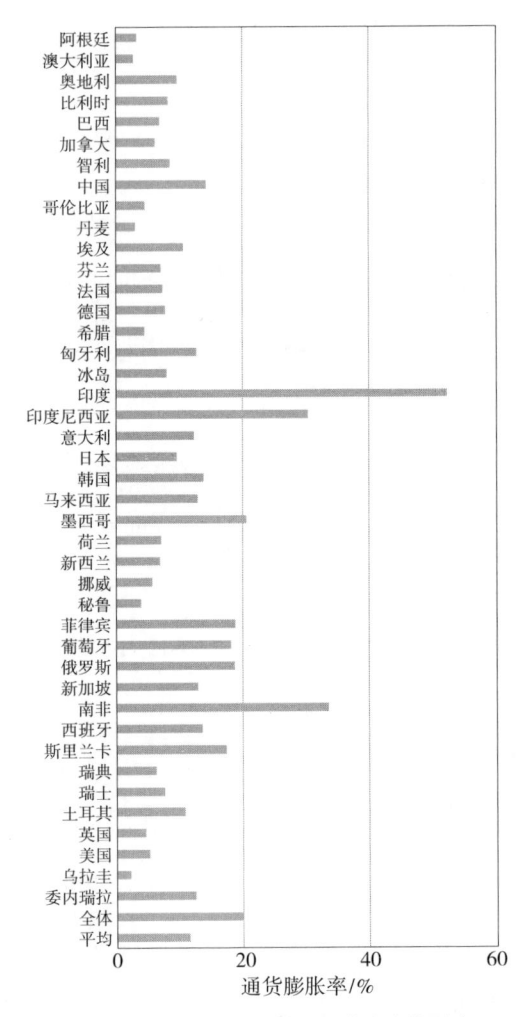

图2-1 西班牙流感对各国通货膨胀的影响

资料来源：Barro, Robert J., José F. Ursúa, and Joanna Weng. "The Coronavirus and the Great Influenza Pandemic: Lessons from the "Spanish Flu" for the Coronavirus's Potential Effects on Mortality and Economic Activity." National Bureau of Economic Research, No. w26866, April 2020.

率都在10%以上，印度、印度尼西亚和南非出现了超过了30%的通货膨胀。

以上是西班牙流感给物价带来的大致影响。基于这些数据，我于2020年4月向东洋经济投稿，题目是《新冠疫情带来物价上涨还是物价下降？》，主要是针对西班牙流感案例，对新冠疫情后可能出现的高通货膨胀提出了警示，下面引用其中的一部分。

新冠疫情与西班牙流感相同，作为供给冲击肯定会带来物价上涨。现在表现出来的是服务业的需求下降冲击和与之相伴的物价下降，但在不远的将来，物质产品生产企业的供给冲击就会显现，物价有可能逆转上扬。（《周刊东洋经济》，2020年5月29日）

什么带来了经济损失——经济学家的误读

国际货币基金组织的预设情景

回顾当时的情景，大多数人笃信的逻辑线条是"新冠疫情＝经济萧条＝通货紧缩"。在这种舆情环境下，提出新冠疫情可能引发通货膨胀的预警，是需要相当大的勇气的。虽然说当时还存在种种的不确定性，我还是根据自己的预判完成了那篇文章。

但是，文章发表后的当月、下个月以及世界各地的统计数据，表明哪里都没有出现通货膨胀的迹象，仿佛要粉碎我仅有的一点自信。不仅如此，世界各国的通货膨胀率还是逐月下降，日本甚至有可能再次回到过去的通货紧缩时代。

除了通货膨胀率没有达到我的预期之外，还有一件事引起了我的关注，那就是新冠疫情的较低死亡率问题。我当时的预测听起来有点恐怖，新冠病毒大流行会带来大量人口死亡，进而对劳动力供给产生更大影响。而实际的死亡人数比预期要少得多，意味着预测的前提条件发生了变化。

截至2020年5月，新冠疫情死亡人数占世界人口的0.005%，远不及西班牙流感的死亡比例（世界人口的2%），并且此次疫情死亡集中在高龄人群。在这点上与西班牙流感重点感染中青年人也存在很大差异。关于未来死亡人数是否会进一步增加的问题，当时疫苗开发已经有了眉目，治疗技术也获得了很大进展，预计死亡病例不会快速增加，不论怎么看也不可能赶上西班牙流感的死亡比例。

西班牙流感发生在100年以前，最初我将当前疫情与之进行比较是有一些疑虑的，由于除此之外又没有其他的参照物，不得已便将这个事件作为我思考问题的出发点。但还是应该说，100年的时间跨度是不应该被忽视的，建立在不考虑百年间医学技术发展差异基础上而得出的预测，是否存在着本质性的错误？

正当我苦恼应该从哪个角度研究物价问题时，2020年7月接到了IMF的邮件，邀请我参加由首席经济学家吉塔·戈皮纳特主持的公开网络讨论。由于IMF的经济学家是从世界各地收集信息，对于新冠病毒流行的经济影响一定会有很多超出我掌握的数据或认知的观点，考虑到这是一个绝好的机会，我便接受了邀请，心想如果能在讨论中得到某些新发现，或许还可以修正我的预测。

在公开网络讨论中，IMF预设的场景是"新冠病毒大流行的'健康危害'会带来GDP下降等的'经济损害'"。乍一听这是一个极其合理的链条。但当我听到这个说明时，就提出了反论，认为这个观点不成立。为什么这么说呢？这是由于IMF预设的场景也是以西班牙流感为出发点的，与我之前的研究思路完全相同，也就是假定新冠疫情将带来大量人员伤亡，因此会减少劳动力供给，形成经济损害。我一面反省自己曾经的错误判断，一面主张这个预设场景是绝对不准确的。

如果IMF预设的场景是正确的，应该是遭受健康危害越大的国家经济损失也相应越大。为了验证这个问题，我运用IMF

提供的数据，对IMF预设的场景提出了有力反证。而且我还利用全球范围内的数据确认，健康受害最严重的国家并不是经济损失最严重的国家。

健康受害和经济损失并没有直接联系

表2-1显示了世界168个国家和地区中健康受害最严重和最不严重的10个国家和地区及日本的相关统计数据。表现健康受害的信息是每个国家和地区统计的"平均每百万人口的死亡人数"，这不是死亡人数的绝对值，而是相对值，便于比较主要国家和地区的健康受害程度。

表2-1　日本及典型国家和地区的健康受害与经济损失状况

排位	国家和地区	每百万人口死亡人数	2020年GDP损失率
1	圣马力诺	2 119	−11.97%
2	比利时	1 859	−9.57%
3	斯洛文尼亚	1 782	−8.89%
4	英国	1 717	−11.13%
5	捷克	1 684	−8.60%
6	意大利	1 545	−10.87%
7	波斯尼亚和黑塞哥维那	1 494	−8.96%
8	美国	1 493	−6.36%
9	葡萄牙	1 492	−11.94%

（续表）

排位	国家和地区	每百万人口死亡人数	2020年GDP损失率
10	北马其顿	1 428	−8.69%
112	日本	54	−5.96%
159	厄立特里亚	2	−4.24%
160	斐济	2	−19.96%
161	不丹	1	−3.08%
162	巴布亚新几内亚	1	−7.82%
163	泰国	1	−9.28%
164	蒙古	0.6	−6.76%
165	中国台湾	0.4	−2.63%
166	越南	0.4	−5.05%
167	坦桑尼亚	0.3	−4.77%
168	布隆迪	0.2	−4.91%

资料来源：渡辺努「コロナ危機と物価動向（上）下振れ傾向、回復には時間」、日本経済新聞『経済教室』、2021年3月9日

从健康受害信息看，每百万人口中因感染新冠病毒而死亡的人数日本为54人，美国是1 493人（均是2020年当时的统计数据）。日美之间的死亡人数存在28倍差距，可以说与美国相比，日本成功抑制了新冠疫情的健康危害。

从显示经济损失程度的"2020年GDP损失率"看，日本GDP下降5.96%，美国下降6.36%，两国只相差0.4个百分点。

日本的健康受害仅为美国的1/28，而两国的经济损失差距实在是微不足道了。

按照这个原则，观察主要国家和地区的健康受害和经济损失状况，健康受害最严重的国家是圣马力诺，每百万人口中死亡达到2 119人，每500人中就有一人死亡，表明圣马力诺的健康受害情况极为严重。

对比英国、意大利、美国等健康受害最为严重的10个国家和地区与最不严重的10个国家和地区，死亡人数被控制在了约万分之一到七百分之一之间，并且健康受害最大的10个国家和地区经济损失也比最小的国家和地区更加严重。但是如果从健康受害差距出发考虑问题的话，就会出现不同的结果。

比如排在第一位的圣马力诺与第168位的布隆迪相比，前者的健康受害是后者的1万倍以上，若比较经济损失的程度，差距则仅为2.4倍。这意味着尽管两国健康受害的程度不同，但圣马力诺比较有效地控制住了经济损失。

这些数据显示，健康受害程度与经济损失之间并没有直接联系。

经济冲击会溢出吗

在上述数据基础上，我向戈皮纳特提出疑问，健康受害和经济损失之间是否存在直接联系？针对我的问题，她的回答是，健康受害与经济损失程度不对称的原因在于，新冠病毒流行的经济冲击传播外溢至整个世界。

她的主张是，疫情对经济的负面影响就像火种，可以从一个国家传播外溢到其他国家。说到经济冲击的外溢，很自然就会想到雷曼事件冲击的案例。

当然，陷入破产的雷曼兄弟公司无法向其他金融机构支付债务，其他依赖雷曼兄弟公司的金融机构也不能支付债务，等待这些金融机构资金的其他金融机构也会陷入经营困境。这种连锁不仅局限于美国国内，还迅速波及欧洲和亚洲国家。全球性危机的火种不仅通过金融体系传播，还通过贸易渠道传播，比如危机时期希望降本增效的企业会减少从其他国家购买机器设备或器材等。

戈皮纳特所说的传播外溢，就是指通过贸易和金融渠道而形成的连锁反应。

雷曼事件冲击波及全球的原因在于，金融机构或企业跨境进行交易，而新冠疫情与跨境的经济贸易是没有关联的，至少在我参与IMF网络讨论的疫情初期，并没有出现金融机构连锁破产或贸易中断的现象。

当时出现的是服务消费的急剧下降。服务消费是指餐厅、酒馆、剧场、旅店、理发馆、电影院或音乐厅等不涉及货物的消费。这些消费多伴随人与人面对面或者人群聚集得以完成，因此新冠疫情导致服务需求的急剧下降。

几乎所有的服务消费都是在一国或一个地区范围内完成的，很少有人为了一次理发而出国消费，服务（尤其是面向个人的服务）也是难以进行贸易的。因此，即使一个国家的服务消费陷入危机，冲击也不会通过贸易渠道外溢到其他国家。

综上所述，虽然戈皮纳特有着不同的观点，我还是主张新冠疫情中健康受害和经济损失之间的直接联系并不密切，经济冲击也不会在全球范围内外溢和传播。如此说来，必须寻找新的视角分析新冠病毒大流行引起的经济损失问题。

"封城"和"紧急事态宣言"的差异

通过IMF的网络讨论，我又得到了新的启发。

当时很多学者都认为，政府为抑制疫情传播而采取的管控措施增加了经济损失。IMF也支持这个观点，并将当时的经济危机赋名"大封城"（great lockdown）危机（美国经济学家将20世纪30年代的大危机称为"大萧条"，美国人似乎对"大"有特殊偏好）。

当听了他们的解释后,我总觉得这个说法也是不准确的。之所以这么想,是由于日本和欧美国家采取的防控措施存在很大差异。

2020年春,在新冠疫情死亡人数剧增的欧洲各国以及美国都采取了强有力的封城措施,而日本没有封城只是发布了紧急事态宣言。好多人可能都以为这两种措施没什么区别,实际上二者在强制力方面存在很大差异。

根据欧美国家的封城制度,对于没有按照政府要求外出行动的企业和个人,制定了罚金和基于法令的罚款。比如当时在法国,对经常不带出入许可证外出的个人征收罚金3 700欧元(合44万日元,2.7万元人民币)。不遵守封城规定是"犯罪"。

而日本发布的紧急事态宣言却没有强制力,警察也不能进行约束,政府只是提出"要求"或"劝导",企业或个人自愿接受规定并约束自己的行为。媒体曾报道有个别食品店营业到深夜,当地的政府工作人员到店要求其遵守紧急事态宣言,但是食品店老板若坚称如果不营业的话就会面临破产,这些工作人员也不会采取进一步的强制措施,法律上也不支持强制闭店。从这个角度来说,封城和紧急事态宣言在政府干预强度方面的差异是非常显著的。

政府管控措施没有影响经济活动

在经济损失方面，采取具有强制力的封城国家与采取软约束的发布紧急事态宣言的日本之间，并没有太大差异。表2-1也已经显示，没有封城的日本与封城的国家几乎出现了相同程度的经济损失。

一个更好的例子就是瑞典。当新冠病毒在全球流行的初期，瑞典不顾欧洲主要国家所采取的封城措施，采取了相对缓和的政策，只是要求确保社交距离，限制50人以上的聚会，以及禁止访问高龄者等。

据说瑞典政府认为，当众多人感染病毒后就可以实现群体免疫，感染率自然会降下来。而瑞典的邻国丹麦与其他欧洲国家相同，采取了强有力的封城措施。相邻国家之间交往频繁。地理条件和生活环境等都非常相似的两个国家，针对同一传染病采取了完全不同的管控措施。这些原本需要认真仔细论证才能形成的政策实验，在自然状态下完成了。

瑞典和丹麦针对新冠疫情采取了不同的应对方式，其结果是经济损失并没有太大差异。瑞典和丹麦，GDP的损失程度非常相近。

这个事实说明，政府的管控程度与经济损失之间也不存在显著的相关性。

向全球传播的是信息和恐惧

"信息主犯论"

我在确认了健康受害程度、政府管控强弱与疫情所带来的经济损失没有直接联系之后，脑海中思考的是如何进一步提出更有说服力的观点。

持续深入思考后，我认为解谜的关键在于"信息"。

人们是通过媒体获取日常生活中的各类信息，特别是在发生了俄乌冲突以及重大传染病这样对自己生活产生重大影响的事件时，更是希望获得更多信息。在2020年年初疫情暴发时，每个人都希望提前知道自己居住的小区、城市以及全国的感染人数、死亡人数等信息，我也是如此。大家可能都跟我一样。

新冠病毒到底是怎样的病毒？如何才能保护自己和家人的健康？每个人都希望得到这些与自身健康相关的各类信息，媒体也在全天候播报。而且如此海量的信息并不是被发布出来就结束了，而是成为人们选择行动的依据，即根据所得到的信息调整自己的行为。

例如，新闻播报某个餐饮店出现聚集性感染事件，该地区的感染人数剧增等信息。受这一信息的影响，餐饮店附近地区就会出现众多取消聚餐预约和健身房退卡等现象。这些信息在全球范围内不分昼夜地传播，每个个体得到信息后的微小行为变化，在全球范围内成倍地累积叠加。结果餐饮店、宾馆、休闲场所、健身房等服务行业陷入停顿，对GDP产生严重的负面影响。

在这个过程中最重要的是，个体的行为转变并不直接源于病毒传播，也不是依据政府命令而做出的改变，而是源于所得到的各类信息。人们接收到疫情相关的众多信息，自主地改变了自身的行为。也就是说，信息传播带来了经济损失。新冠疫情带来的经济损失源自信息，这就是我最终得出的"信息主犯论"假说。

信息—管控—行为变异

根据我的假说，图2-2直观显示了新冠病毒流行引发经济损失的具体路径。

最初是新冠疫情扩散引发感染和死亡人数增加等的健康受害，政府对此出台管控措施，包括强有力的封城措施或者紧急事态宣言，管控措施对人们行为产生的影响统称为"管控效果"。

图2-2 行为变异机制流程图

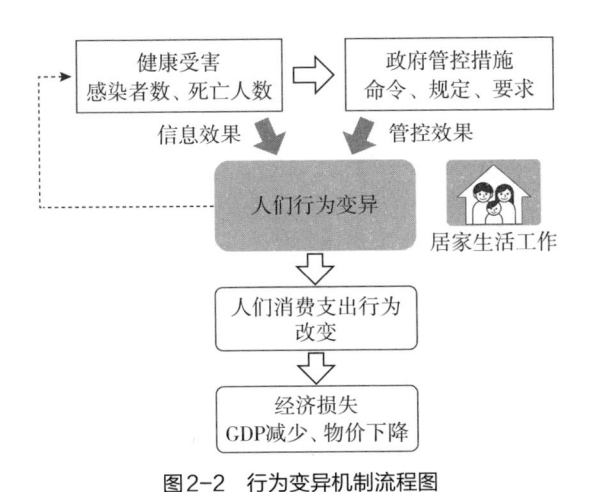

与此同时，人们从国内外媒体获取有关健康受害的各类信息，基于这些信息而自主改变自己的行为，统称为"信息效果"。

受到两个路径影响的人们采取了控制外出等的居家行为，这就是"行为变异"。行为变异成为经济损失的导火索。人们不到餐厅消费时，导致餐厅销售额下降。针对销售额下降，餐厅经营者或者解雇员工，或者减少或取消食材采购。被解雇的员工需要控制生活费支出，遭遇取消订货的批发或零售卖场的销售额也会下降，必将大力削减消费支出。这样，人们行为变异的影响呈连锁扩散态势，最终带来GDP减少和物价下降等经济损失。

这里所说的管控效果，就是前面介绍的IMF主张管控措施带来经济损失链条中所涉及的内容，前面我也说明了管控力度与经济损失之间并没有直接联系。IMF预设的场景只是遗漏了图2-2流程图中的"信息效果"。

在新冠病毒流行带来经济损失的过程中，我认为信息效果发挥了决定性作用。前面已经说过，健康受害程度与经济损失的规模并不是成比例的，这也可以通过嵌入信息效果的流程图图2-2进行说明。

在这个阶段，以上分析还只是假说，假说只有与所观察的事实互相吻合之后才有意义。换句话说，需要进一步说明的问题是：假定的与现实的数据是否存在冲突？为什么会出现这样的数据？

因此，我和团队开展了数据调查和收集工作，试图运用数据说明在人们行为变异中，管控效果和信息效果各自发挥了多大作用。

运用智能手机测度紧急事态宣言效果

新冠疫情期间，我们体会到的最具象征性的行为就是已经成为流行语的"居家"。日本在发布紧急事态宣言初期，人们的行为出现了怎样的变化？信息对行为产生了怎样的影响？哪些数据可以说明上述问题?

我们想到了智能手机的定位信息数据。现在大多数人都使用智能手机,手机时常与移动基站的天线进行信息交互,基站存储了大量手机数据,包括何时、何地、手机数量等。这些数据不涉及个人隐私,可以提供给研究人员,我们决定使用这些数据判断人们的行为变化。通过对比分析紧急事态宣言发布前后的手机定位信息,可以清楚人们所处的位置发生了怎样的变化,据此说明居家的程度。

我们进行数据分析的切入点是,东京大都市圈及地方发布和终止紧急事态宣言当天的手机定位变化情况。没有发布紧急事态宣言的地区,通过媒体获知了邻近地区发布宣言的信息,出于防范目的,人们也会自主做出控制外出的行为。各地区新增感染人数等的数字自然都是影响人们行为的信息。

紧急事态宣言后人们减少了8.5%的外出

图2-3显示了2020年4月7日日本埼玉县发布宣言和相邻的没有发布宣言的群马县居民的居家情况,也就是控制外出的程度。观察期是包括发布宣言当天在内的一周时间。图2-3中的实线显示包括4月7日在内的一周居家数据,虚线表示前一周的居家数据。

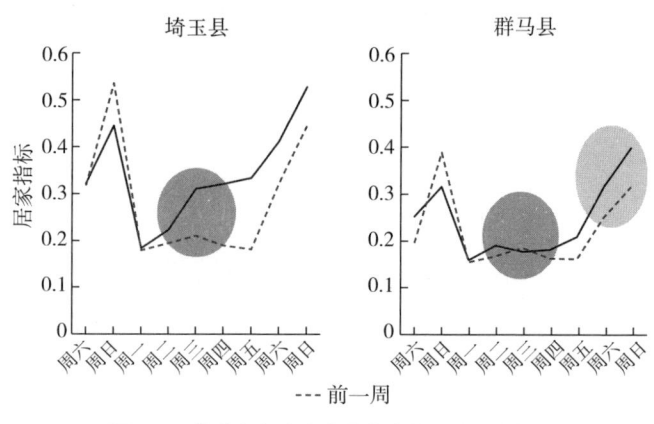

图2-3 首个紧急事态宣言发布前后的居家状况

从发布紧急事态宣言的第二天（4月8日）数据看，埼玉县的实线比虚线要高很多，很显然，与前一周相比，受紧急事态宣言影响居家比例迅速上升。就在同一天，相邻的群马县实线和虚线基本重合，没有出现太大的差异。也就是说，在这个时点上，只有发布紧急状态宣言的埼玉县显现出管控效果。

随着时间的推移，两县图形都发生了变化。两个县周末的居家比例都有了提高，特别是11日与12日群马县的实线高过了虚线，这就是群马县的信息效果。虽然群马县政府并没有发布紧急事态宣言的管控措施，但人们接收到了东京大都市圈及近邻埼玉县发布紧急事态宣言的相关信息，扩大了对新冠病毒流行的恐惧心理。这就可以解释群马县民众自主行为变异的背后原因。

将这种分析方式推演到日本全境，我们发现紧急事态宣言发布后民众的外出减少了8.6%。而且数据还显示，居住在日本所有都道府县的新冠病毒感染者每增加1%，人们的外出就要减少0.026%。意味着一旦出现感染人数增加的信息，人们就会自主地减少外出，这都是统计数据证实的结论。

日美比较研究得出的结论

这个结果可以视为政府管控措施所产生的效果。但是进一步分析实证结果发现，外出减少8.6%并不算一个很大的变化（具体参考本书末尾与薮友良教授合写的论文）。

比如从东京都的情况看，人们外出实际减少了一半。说明在这些行为变化中，1/4源于前文所说的管控效果，剩下的3/4是来自信息效果。这意味着与其说是由于"政府呼吁人们居家"，不如说是人们基于所得到的信息自主地选择居家以防止感染。将分析范围扩展到东京以外的地区，情况也大致相同。这意味着人们行为变异的主要原因是信息效果。

当初我看到这个结果时，曾以为日本管控效果偏低的原因在于紧急事态宣言只是希望人们遵守的一种规则，并不具有法律约束力。之后，海外传来了一个令我吃惊的研究报告。芝加哥大学研究团队同样利用美国智能手机定位系统进行了实证分析，发现强制性封城措施导致美国人减少外出的比例约为7%，这与日本的8.6%没有太大差异，占比都不算大。

美国采取的具有法律效力的封城措施与日本没有法律效力的紧急事态宣言，对人们行为变异的影响程度几乎相同。我们与芝加哥大学研究团队交换了分析结果，对我们来说这个结论具有很强的冲击性。日美的研究结果均显示，不论管控措施是否具有法律约束力，来自政府的管控措施都不像所宣传的那样具有如此巨大的神通。

日美比较研究得到的另一个重要的共同之处是，日美疫情后人们外出都减少了将近一半，外出大幅减少的原因主要来自信息效果。其实在任何国家都一样，并不是政府要求人们不要出门，而是人们根据所得到的信息慎重思考自主选择居家。

大家都知道，日本与美国的国民性有着很大差异，社会结构和政治体制也不尽相同，实际上，正是由于这些差异，针对重大传染病流行政府也就采取了完全不同的对策。

尽管有这些不同，日本与美国民众几乎出现了同等程度的控制外出行为，并且将控制外出完全演变为一种自发行为，如何解释这种行为呢？我想出了一个关键词，就是"恐惧心理"。看到感染者和死亡者增加的信息，"导致人大量死亡的传染病正在逼近"，在人们的心目中自然形成恐惧心理。初步预测是恐惧心理驱使人们抑制外出行为。回顾一下我们当时的感受，我想应该可以理解这一点。

传播的仅仅是恐惧心理

这个判断的关键之处在于，无论哪个国家，人们对疫情的恐惧心理都是相同的。实际上根据手机定位信息研究日美以外国家的情况，也可以得出相同的结论。新冠病毒大流行是人类与病毒的战争，在病毒面前人类是没有国籍的。由于所有国家的人们都具有相同的恐惧心理，出现了相同的行为变化，致使所有国家均陷入同等程度的经济萧条。

前文已经提及，不同国家的健康受害参差不齐，最大的差距高达1万倍，与此相对应的是，经济损失的差异却非常小，甚至可以说所有国家都出现了几乎相同程度的经济损失。如果运用恐惧心理说明经济损失的趋同，应该是很好理解的。

前文还提及，雷曼事件是通过金融和贸易方式构建的全球化网络，从危机发生国传播到世界其他国家的，而新冠疫情期间并不存在这种经济领域的传播，如果要问传播的是什么，那就是恐惧心理。一个国家的恐惧情绪传播到另一个国家，再传播到其他国家，持续传播的结果是，全球出现联动的经济衰退。

信息技术高度发达的今天,全球范围内发生的任何事情都可以及时得到传播。不仅如此,任何人都可以通过自媒体发布信息。这种媒体环境致使世界各国的人们受到相同的信息影响,也为世界上所有人的行为变异创造了条件。我的思考就是,发生了新冠病毒大流行事件,恐惧心理在全球范围内广泛扩散,导致世界各国出现相同程度的经济损失。从这个角度来说,新冠疫情与100年前西班牙流感存在着本质差异。将恐惧心理这一要素纳入新冠疫情影响当中,是一个极其重要的突破。

现在回过头来看,在新冠疫情暴发的第一年那段混乱期,我是将西班牙流感作为唯一可比对的事件,当初虽然意识到现在与100年前存在很大差异,但最终还是出现了重大失误,原因如下。

一个是随着医学技术的进步,现在不太可能出现疾病引发重大死亡事件后的劳动力不足问题。另一个就是由于信息通信技术的发展,世界上任何角落出现人员死亡事件,当天信息就会传遍世界各地,使人迅速萌生恐惧心理,人们担心第二天这种可怕的事情就会降临到自己身上。

医学的进步降低了经济损失,同时信息通信技术的发展却扩大了经济损失。当时这个观点大大超出了我的理解范畴,技术进步与经济损失之间有着紧密且复杂的影响路径。

通货膨胀终于来了

预料之外的通货膨胀

新冠病毒流行的2020年，由于恐惧心理作怪人们改变了行为，导致面对面的服务需求下降，各国出现了经济萎缩，因此很多专家都认为"新冠病毒流行具有降低物价水平的效果"。这种观点不仅出现在长期受到通货紧缩困扰的日本，美国也是如此。

图2-4显示了日本和美国经济学专家预测的两国每个月GDP和CPI的未来走势。横轴显示预测时点，时间跨度是2020—2021年。2020年年初到5月份，专家预测的日美两国GDP和CPI都是急剧恶化。非常有意思的是，当时日本和美国CPI的预测值几乎是相同比例的下降（日本降低0.75个百分点，美国降低0.8个百分点）。这与前面提到的疫情第一年经济损失在任何国家基本相同的事实也是吻合的。

2020年9月，专家开始提升美国的通货膨胀预期值〔图2-4（b）〕。事后看来，这是明显的通货膨胀到来迹象。只是以美联储为首的众多经济学家并没有充分注意到这一点。

美国的预测专家继续调高通胀预期，2021年5月预期通货膨胀率超过了2%，2021年12月接近3%（在新冠病毒流行初期，专家预期的日本CPI与美国基本保持同步下降，但之后日

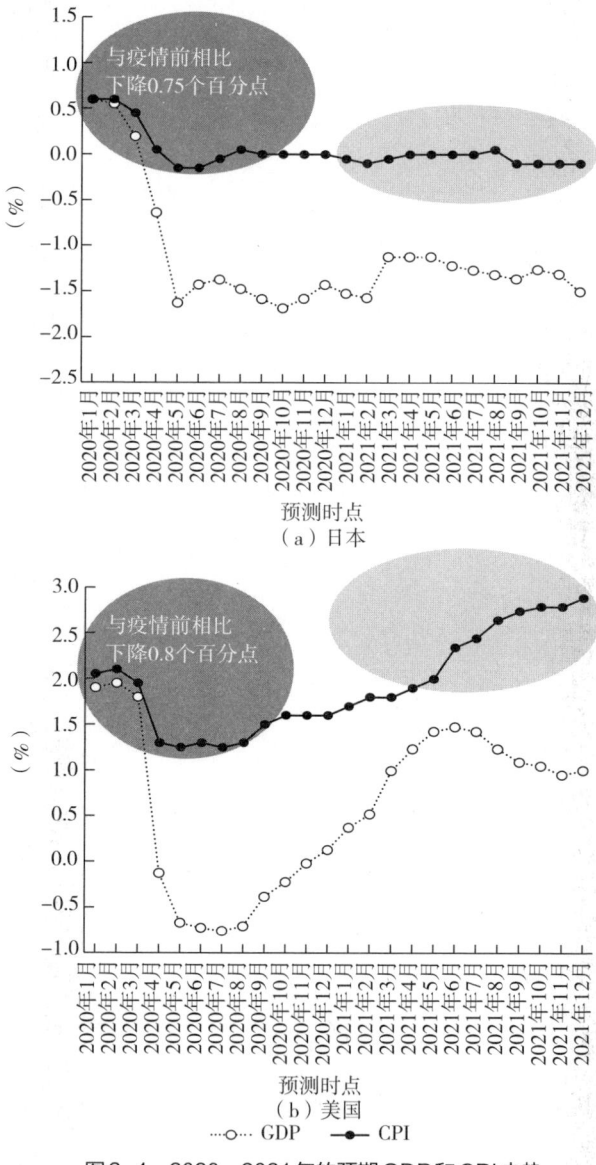

图2-4 2020—2021年的预期GDP和CPI走势

本与美国出现了显著差异，日本CPI一直还是在零附近徘徊。关于日本的通货紧缩现象，将在第4章展开分析）。

当前的通货膨胀不同于100年前

美国专家在2020年1月预测的通胀率就达到了2%，彼时新冠病毒还没有广泛流行，可以看作疫情之前的预测。2021年12月的预测值达到3%，已经高于疫情前水平，说明专家已经估计到疫情将带来高通货膨胀。这并不是由于疫情初期物价水平下降、之后反弹的简单逻辑，而是意味着疫情之前并不存在的通货膨胀即将登场。

疫情引发通货膨胀的观点，是我在2020年4月的论文中提出的。但是就像前面所分析的，新冠病毒并没有像西班牙流感那样引发大量人员死亡，虽然对劳动力供给形成一定影响，但还不至于引发物价的全面上涨。

也就是说，虽然都是通货膨胀，但此次通货膨胀与100年前不同，应该存在着不同的生成机制。这又促使我进一步思考此次通货膨胀的形成机制。

作为消费者和劳动者的双重身份

我这里关注的还是恐惧心理。

前文提及消费者恐惧心理在全球范围内广泛传播。故事的脉络是疫情暴发的第一年各国消费者都担心病毒感染而减少了面对面的服务消费，GDP受损，最终导致价格下降。这个假说通过智能手机定位信息数据已经得到了验证，确信恐惧心理是带来经济损失的根本原因。

但是随着研究的深入，我注意到了新的现象，就是智能手机定位系统的信息在一周的休息日和工作日之间是存在明显差异的。

周末和休息日民众大多都会居家休息，手机放在家里是很正常的，而工作日是不应将手机放在家里的。从疫情暴发之前的数据看，可以发现工作日和休息日之间的明显差异，疫情暴发后也有一定差异。我们拥有劳动者和消费者两张面孔，工作日主要作为劳动者开展活动，周末则是消费者的身份，这一点自然会反映在智能手机的定位数据上。

之前我们的研究聚焦在消费者的恐惧心理，探讨消费者的行为变异对经济活动产生的影响，因此很自然地我们就是关注"周末手机在哪里"。为了彻底弄清这个问题，我舍弃了工作日的手机数据信息。让我感到纠结的也是这一点，我们所有人的最重要身份还是工作，也就是要承担作为劳动者的职能，难道可以无视这个现象吗？

消费者和劳动者是平等的人类。人类害怕病毒，都会因此而改变自己的行为。从这个角度来说，具有恐惧心理的不仅是消费者，还有劳动者，劳动者也会相应改变自己的行为。

比如当感染人数增加时，作为消费者，很多人害怕病毒感染而不去餐馆用餐，这是消费者的选择。从餐馆服务员的角度来说，则是完全不同的场景。服务员需要接待众多不同背景或目的的顾客。从顾客的角度说，进店消费可能是一周一次或一个月一次的频度，每次的滞留时间自然也是很有限的。而服务员则不同，在营业时间内每天必须在店内为顾客服务。

这样思考的话，我认为服务员的恐惧心理不能与顾客同日而语，应该还要更加强烈。如果消费者基于恐惧心理而改变了行动，具有更强恐惧心理的劳动者难道就不会出现异常的行为吗？

"大离职时代"是否到来

就在这时，我看到了美国自发离职增加的新闻。所谓自发离职，就是不是源于雇主解雇，而是就职者辞职，单方离开职场。相关就业统计数据也显示，这样的离职正在不断增加。

美国在疫情暴发初期的景气恶化期间出现了大量裁员现象，随着经济重启用工需求逐渐恢复。尽管如此，人们并没有完全回到职场。听到这样的信息，我想这是否就是我所关注的劳动者行为变异现象呢？

没有回归职场的员工背景各异，如美国有很多来自美国以外的移民职员，新冠病毒大流行期间回到母国的职员不能正常返回美国就职，或者提前退休的人数增加。美国与日本相同，并没有法定的退休年龄，普遍都是自己根据人生规划或自身身体状况自主决定何时退休。与疫情暴发之前相比，疫情后选择提前退休的人数正在增加。

这种自发离职增多的现象被称为"离职潮"（great resignation），或"提前退休潮"（great retirement）（这里也是冠以"great"字样）。

我认为这个现象可以说明图2-4显示的美国新冠疫情第二年的物价上涨。逻辑线条是，经济重启增加对劳动力的需求，而由于自发离职的增加引发劳动力短缺，带来货物与服务的生产短缺，出现供不应求的状况，引发物价上涨。

恐惧心理的正反两方面效应

关于疫情暴发第一年和第二年发生的现象，下面简单做一下梳理。

人们害怕病毒，劳动者和消费者都是相同的。这种恐惧心理改变了人们的行为，由于行为改变是"同期"出现的，对整体经济产生重大冲击，最典型的就是物价上涨。

消费者的恐惧心理产生降低物价效应，而劳动者的恐惧心理却具有推高物价效果（图2-5），恐惧心理具有正反两方面效应。

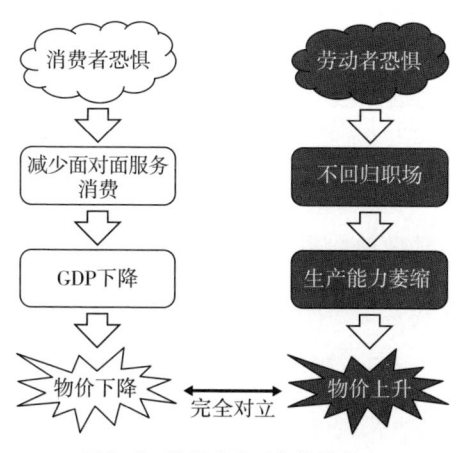

图2-5 恐惧心理对物价的影响

之所以会出现正反两方面效应，是由于消费者恐惧心理对需求产生影响，而劳动者的恐惧心理作用于供给。美国的通胀率在疫情第一年下降，第二年上升，就像过山车一样变动，这是我们同为消费者和劳动者的双重身份，各自行为改变共同作用的结果。

到2022年，已经是新冠病毒流行的第三个年头了，还很难说感染已经结束。但随着疫苗的普及、治疗技术的进步和应用，感染病毒会死亡的早期恐惧心理已经得到很大程度的缓解，很多人都预感新冠疫情即将结束。

本章我的主张是恐惧心理在新冠疫情对经济活动的影响中发挥了重要作用。从常识上考虑，疫情结束的话，恐惧心理自然会消失，所有经济活动也应该恢复常态。

三年疫情的"疤痕效应"

疫情结束经济就会恢复，果真会如此吗？如果是在2021年，我会毫不犹豫地回答"这个问题没有质疑的余地"。美联储的经济学家虽然有点咬文嚼字，其本意也是"疫情结束后经济就会恢复常态"，正因为如此，才出现了"暂时性通货膨胀"的观点。

但之后经济并没有恢复到疫情前的水平，最具象征的就是出现了通货膨胀，且一直在高水平徘徊。如果承认这个现实，那么"疫情结束后恐惧心理消失，经济就会恢复常态"的想法也许就过于天真了。

东日本大地震时，除去持续一段时间的余震外，2011年内基本消除了地震和海啸这一自然灾害的直接影响，但是以福岛第一核电站的核泄漏事件为核心的社会基础设施的损毁并没有完成修复。人们的生活不仅没有恢复到和震前一样的水平，反而还在忍受地震的强烈影响，完全恢复的未来很难出现。从东日本大地震的例子看，地震或疫情这样的重大事件即使结束，受到严重影响的人们的生活也不可能完全复原，这是摆在我们面前的问题。

重大事件过去了，将给社会留下"伤疤"。用经济学的语言就是"疤痕效应"。正像我们所知道的，人一旦经历过失业，再次获得就业岗位后，其行为与之前相比会发生很大变化。失业时的痛苦经历留在脑海中挥之不去，对一个人再次就职后的劳动方式会产生影响；多愁善感的年龄阶段经历过重大经济危机的人，即使在危机过去之后，与没有经历的人相比，行为也是存在很大差异的。

那么，如果说新冠疫情产生了"疤痕效应"，那么疤痕在哪里呢？疤痕又是怎样影响人们的行动？如果是地震等自然灾害，疤痕就是损毁的社会基础设施和工厂的机器设备，战争的疤痕谁也都能理解。但从前面的分析中可知，新冠病毒流行没有损坏社会基础设施和机器设备，也没有对劳动力产生重大负面影响。疤痕到底在哪里呢？

第 3 章

作为疫情"后遗症"的
全球性通货膨胀

世界正在发生变化

新冠疫情后的场景

新冠病毒的流行，极大改变了我们的认知方式、生活方式以及生活习惯。一个典型的场景就是2022年7月12日《朝日新闻》晚刊的一篇报道，下面简要介绍一下这篇报道。

这是一个正常工作日下午地铁内的画面。定员7人的座位上坐着4个人，坐在一侧的两个人中间隔着一个座位，一位高龄女士坐在另一侧，紧挨着的座位上坐着一个低头玩手机的男士，男士旁边还空着两个座位。这位女士突然对相邻的男士说："稍微离远点行吗？！"女士的意思是两个人中间希望隔着一个座位。

男士好像没有理解女士的意思，女士将视线移向男士旁边的空位，补充了一句："在这个特殊时期。"男士听后挪动了一个座位，但好像并不理解其意。地铁到站后，男士对女士说："坐在哪里不是随便吗？！"然后就下车了。

据说女士并不是害怕病毒感染，只是由于病毒流行期间养成了保持社交距离的习惯，现在还不习惯人与人之间的密切接触而脱口说出了上面的话。

读完这篇报道，给我的强烈印象是社交距离已经如此深刻地印在了人们的脑海中。《朝日新闻》晚刊的一个完整版面报道了这个事件，应该是报社的人与女士有着同样的感受，读者可能也有同感。由于文中的男士对社交距离的意识并不是那么强烈，这里也显示了不同人对社交距离的接受程度存在差异。这篇报道充分证实，以新冠病毒流行为契机，我们的感知和行为方式都发生了变化，目前正处在转换期。

欧美各国与日本一样，以新冠疫情为节点，正在向着"与他人保持一定社交距离"的社会转型。外出注意与他人保持一定的距离，在工作场所与同事保持距离，社交距离已经渗透到生活和工作的方方面面。

"密集"时代的终结

回过头来看，新冠病毒大流行之前，是全球追求"密集"的时代，经济领域的"全球化"最为典型。美国的智能手机厂商与中国的组装车间，相隔一万千米以上的两个国家建立产业链条。为了提高生产效率，信息技术和物流技术的进步可以克服距离劣势，促使世界各地的企业"密集"地联系在一起，这就是全球化的硬核。

但是，新冠疫情暴发了，人与人之间不能聚集。美国手机厂商研发部门和中国组装车间减少密集的结果，立即降低了生产效率。作为二者桥梁的物流系统出现了劳动力短缺，更是雪上加霜。与疫情前相比，将零部件运往中国组装厂以及制成品运往海外需要花费更长的时间和更高的成本。跨国经营的商业伙伴从前采取的克服距离劣势而寻求密集的经营模式已难以为继。经历了疫情诸多磨难的我们，为了适应后疫情时代全新的社交距离范式，已经开始调整思维方式或行为模式。

我们每个人都有着消费者和劳动者的双重身份，同时我们的每个身份又都与企业经营密切相关。消费者、劳动者以及企业三者分别站在自己的立场上，通过日常的行为调整以适应新型的距离感。多重行为变异的叠加，推动我们进入后疫情时代的新世界。

这个新世界就是各种货物与服务价格出现不同的变化趋势，物价以近年来少有的态势上涨。

中央银行是如何抑制通货膨胀的

当前的通货膨胀与20世纪70年代有相似性吗

前面提到了新世界。很多人都以为现在的通货膨胀就是过去通胀的再现。各类媒体纷纷炒作它与20世纪70年代通货膨胀的相似性，我想很多人都看过相关的报道。

美国将20世纪70年代的通货膨胀称为大通胀，在日本被称为"恶性通货膨胀"。1980年美国CPI为15%，1974年日本为25%，属于极其严重的通货膨胀，引发各国经济和社会的极大混乱。这是半个世纪之前的事情，实际经历过的人可能并不多，由于这是离现在最近的一次严重通货膨胀，作为比照对象也是很自然的。

实际上，现在的通货膨胀与20世纪70年代的存在本质上的差异。更重要的是，当时抑制通货膨胀所采取的对策，以及从那次通货膨胀中总结和发展起来的物价理论，完全不能适用于当前的通货膨胀。为了理解这些问题，下面简单梳理一下中央银行抑制通货膨胀的历史。

通货膨胀不是源于高油价，而是人们的预期

首先，我们分析了20世纪70年代的通货膨胀是如何引

起的。将当前的通胀与70年代的进行比较，的确具有一定的相似性。1973年第四次中东战争及1979年伊朗伊斯兰革命引发了石油价格暴涨，史称第一次石油危机和第二次石油危机。从这个角度说，自然就会联想到俄乌冲突引发的原油价格上涨。

但20世纪70年代通货膨胀的"主犯"其实不是原油价格上涨，这一点已经得到学术界证实。东京大学名誉教授小宫隆太郎指出，石油危机发生之前，日本消费者物价上涨率已经达到14%，意味着石油危机前已经出现了通货膨胀。

物价上涨之后才出现原油价格上升，这时人们预期今后物价还会进一步上涨，并且为了确保在涨价之前能买到卫生纸之类的生活必需品，出现了抢购囤货现象，进一步加剧了物价上涨。小宫教授指出，"石油危机之前的物价上涨，在日本国民中已经出现了强烈且根深蒂固的通胀预期，并担心未来可能出现供给短缺，这个情绪因石油危机而进一步强化"。

2022年夏季，美国和欧洲的5年和10年中长期通胀预期多少有一些上升，但还在稳定的范围内。我的研究团队及中央银行专家认为，这一点决定了当前的通胀与20世纪70年代的本质差异，当时美国中长期通货膨胀预期一度飙升到12%。

通货膨胀预期是物价形成机制的核心，抑制通货膨胀无外乎就是改变通货膨胀预期。这作为现代物价理论的起点已经写入教科书。需要指出的是，这种意识其实是最近才形成的，20世纪70年代的经济学家和中央银行专家并没有这个意识。通货膨胀预期作为抑制通货膨胀的"死穴"，是经历70年代反通胀失败和深入反省后才提出的。

过去并没有"抑制通货膨胀"理念

2022年伊始，各国中央银行都在提高利率，试图抑制不断上升的通货膨胀。那么，在20世纪70年代物价开始上涨之时，美联储是否也通过提高利率抑制通货膨胀了呢？实际上，当时美联储根本没有想过通过自身的政策来抑制通货膨胀，以我们现在的常识看简直难以置信！

1970—1978年，担任美联储主席的是阿瑟·伯恩斯，他是经济周期研究领域的著名经济学家，伯恩斯认为在应对通货膨胀方面中央银行能做的事情并不多。

作为引发通货膨胀的原因，他重视的是企业成本上升的相关问题，诸如谷物歉收、工会力量增强以及企业市场支配力过于强大等。企业成本上升后产品就要涨价，因此抑制通货膨胀的核心就是降低成本。这是他的逻辑。中央银行不能解决粮食歉收问题，也不能参与企业和工会之间的博弈，就是说中央银行不能控制企业成本上升。因此在他任期内虽然发生了通货膨胀，也并没有中央银行出手相救的理念。

布雷顿森林体系

20世纪70年代通货膨胀还有一个不幸的背景事件，那就是围绕货币汇率制度的重大变革。在第二次世界大战即将结束的1944年7月，在美国东北部的山城布雷顿森林召开了关于战后国际货币体系的会议，以约翰·梅纳德·凯恩斯为首的当时实力派经济学家和实业家共同参加了会议，会议确定的汇率制度就是布雷顿森林体系。从日本的角度看，就是固定汇率制度，1美元兑换360日元，也许有人还记得那个汇率完全固定的时代。

这个制度对美国来说具有金本位属性。美联储的职责就是维持1盎司[①]黄金兑换35美元的兑换比率。当市场上购买黄金需求上升时，放出黄金（减少美元流通量）；反之，当黄金需求下降时，买入黄金（增加美元流通量）。美元流通量的增加或减少，是由市场上的黄金供求所决定的，中央银行完全是被动的，不需要做出艰难的判断。这是任何人都可以做到的程序

[①] 重量单位，1盎司=28.349 5克。

化操作。很显然在那时，完全没有灵活运用紧缩或宽松性货币政策调控通货膨胀的余地。

失去黄金锚定的货币

1971年时任美国总统尼克松宣布终止美元兑换黄金，布雷顿森林体系崩溃，这一事件被称为"尼克松冲击"。尼克松冲击是由于美国贸易赤字迅速增加，黄金大量流入贸易对象国而引发的。这时全球经济迎来了巨大挑战。为什么呢？就是美元与黄金的联系被切断了！在布雷顿森林体系下，美元与黄金挂钩，其他货币与美元挂钩，如美元与日元之间存在1美元兑换360日元的直接联系，日元与黄金因此也形成了间接联系。尼克松冲击切断了这种联系。

维持货币价值稳定的装置被称为"名义锚"（nominal anchor），是指将各国货币价值连接在一起。出海的轮船如果没有锚固定的话，就会随风漂流而不能靠岸。各国货币就像轮船一样，离开黄金这个名义锚，货币价值就失去了参照物而自由浮动。

所谓货币价值，就是货币与商品的交换比例，也就是物价。货币价值自由浮动，就意味着物价没有规律地波动，陷入极其不稳定的状态。

失去黄金锚定的物价具体是什么状况呢？简单一句话来说，就是物价将随着人们的情绪而变动。当人们认为未来物价要上升时，由于不早点抢购，自身的利益就会受损，人们便纷纷加入抢购大军，需求迅速增加的结果必然导致物价上涨。物价上涨预期本身，成为推动物价上涨的原因。反之，当人们同时认为物价将下降时，预期也会带来实际物价下降。

20世纪70年代的高通货膨胀具有必然性

在布雷顿森林体系下，美联储为维持1盎司黄金兑换35美元而进行黄金交易，看起来就像行政部门的一项无聊的例行公务（实际上我想象这是一项很无聊的事务）。但就是这个例行工作维持了各国货币与黄金之间的锚定，避免了物价的自由波动。尼克松总统则破坏了这一机制。

更糟糕的是，尼克松总统废除了金本位制度，却没有建立一个能够取代这一制度的名义锚。因此，尼克松冲击后的一段时间内，美国与世界各国的货币开启了没有锚定的漂流之旅。

那么在第四次中东战争原油价格暴涨之前，美国国内是什么状况？布雷顿森林体系崩溃失去了名义锚，也没有出现其他替代物，更关键的是时任美联储主席并没有运用货币政策稳定物价的意识。因此，导致通货膨胀预期不稳定的条件已经具备，可以说20世纪70年代出现恶性通货膨胀具有必然性。

收拾这一事态的是1979年就任美联储主席的保罗·沃尔克。沃尔克持续提高利率，1979年8月其上任时美国的利率是11%，此后的8个月内，利率持续提升了9个百分点。如今，美联储也在提高利率，从2022年3月开始到9月份提高了3个百分点，由此可见沃尔克的紧缩有多大胆！

沃尔克的货币紧缩总算平息了通货膨胀，但是代价也相当大。货币紧缩抑制了企业设备投资，降低了家庭购买住宅及耐用消费品的能力。这种需求的剧烈收缩在阻止物价上涨的同时，也降低了企业的劳动力需求，出现了大量失业人口（失业率超过10%）。沃尔克是以大量失业为代价，最终降伏了通货膨胀！

经济学家长达半个世纪的"复仇"

20世纪70年代的通货膨胀不仅袭击了美国，也波及了欧洲各国及亚洲国家，所有国家为了抑制通货膨胀都付出了失业率飙升的巨大代价。经济学家和中央银行的政策制定者非常重视这次事件，绞尽脑汁思考如何避免噩梦般的通货膨胀重演。

很显然，20世纪70年代的通货膨胀是由于人们不稳定的预期而引发的。因此，很多经济学家围绕人们的预期是如何形成，又是如何摇摆等问题展开了深入的理论分析。

20世纪70年代的恶性通货膨胀中得到的最大教训，就是为防止通货膨胀预期的不稳定波动，需要一个稳固的名义锚。建立一个什么样的名义锚？是否应该再次考虑回归金本位制度？还是由其他替代物充当名义锚？等等，针对这些问题，经济学家和实业家提出了很多建议。

另外，当出现通货膨胀萌芽时，中央银行要如何应对？采取什么样的政策可以将通货膨胀消除在萌芽状态？中央银行政策制定者针对这些问题绞尽了脑汁。

现在回过头来看，在20世纪70年代世界应对通货膨胀失败后的半个世纪内，经济学家和中央银行政策制定者倾尽全力的研究工作就是，如何"雪耻"那次失败。研究的集大成就是保证中央银行的独立性和透明度。

赋予中央银行独立性，是将物价稳定作为中央银行的唯一使命。例如，对于政治家和政府（尤其是财政部门）来说，最主要的职责是景气上扬，并不是维持物价稳定，可能会给中央银行施加压力阻止利率提升。所谓独立性，就是中央银行不受这些外部杂音影响，专注于物价稳定的制度设计。前面所说的伯恩斯执掌美联储期间缺乏物价稳定的主人翁意识另当别论。这是从制度层面上建立中央银行维持物价稳定的自律机制。

透明度就是中央银行要向人们（消费者或企业经营者）发布货币政策的相关信息。中央银行专注于物价稳定是好事儿，如果默默地工作而不发布信息的话，人们就不能理解复杂的货币政策运行机制，这样中央银行也就不能影响人们对通货膨胀的预期。中央银行的政策透明度就是控制通货膨胀预期——20世纪70年代恶性通货膨胀得到的最大教训。

"通货膨胀目标制"的出世

中央银行独立性和透明度在实际政策运行中得到了体现，这就是通货膨胀目标制。通货膨胀目标制就是事前向人们发布通货膨胀目标值，并承诺中央银行在一定时期内实现这一目标。自新西兰中央银行1990年实施后，美国、欧洲及日本等主要国家的中央银行都实施了这一制度。

中央银行公布和承诺要实现的通货膨胀目标值，政治家和政府就很难对其货币政策进行干预，这就保证了中央银行的独立性。另外，公布通货膨胀目标后，人们也就知道中央银行是怎样运作货币政策的，这就是透明度。

很多国家发布的通货膨胀目标值都是2%。假如现实的通货膨胀率超过这一目标，人们就会预期"中央银行为了使通胀率回到2%，肯定会实施提高利率等紧缩性货币政策"；反之，如果现实通胀率低于2%目标，人们就会预期"中央银行会运用宽松性货币政策降低利率"。一旦公布了目标值，不管现实通胀与目标有多大差距，预期都会朝着目标值收敛。通货膨胀目标相当于货币的名义锚，等同于尼克松冲击之前"1盎司黄金=35美元"所发挥的作用。

2022年美国通货膨胀预期是稳定的

到此为止，我们分析了20世纪70年代的通货膨胀的背景，以及后来经济学家的"复仇"行动。接下来，我们需要看看2022年到底发生了什么，再次使用数据进行说明。

首先，我们来看2022年的通货膨胀预期水平。2022年8月美国的通货膨胀率已经超过了9%，短期通胀预期（一年之内）也有了提升。

但若看稍长时间的通货膨胀预期，如未来5年的预期通胀水平则稳定在2.5%左右［图3-1（b）］，也就是美国人预期此轮通货膨胀将在5年内结束。至于说为什么通货膨胀率要收敛于目标值，是因为人们相信美联储肯定会采取相应的对策抑制通胀。这说明2%这一通胀目标值正在发挥很好的锚定效应。

当前的通货膨胀数据与20世纪70年代相比，在这一点上差异是很明显的。图3-1（a）显示了1977—1982年美国的实际通胀率和5年预期通胀水平，当时不仅实际通货膨胀水平比

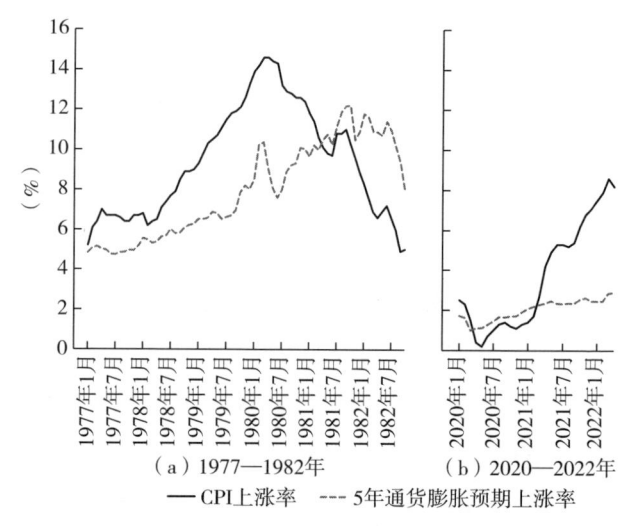

图3-1 当前通货膨胀率与20世纪70年代比较

资料来源：图3-1（a） Groen, Jan J. J., Menno Middeldorp. "Creating a History of U.S. Inflation Expectations." Liberty Street Economics, Federal Reserve Bank of New York, August 21, 2013.

这次要高得多，更加突出的是预期通货膨胀水平，整个70年代通胀预期都处于不稳定状态，之后甚至升到了12%。这是由于失去了名义锚，通货膨胀预期就像断了线的风筝一样飙升。

为什么这次物价上涨不止

在这次通货膨胀过程中，长期预期通胀水平趋稳无疑是个好消息，但同时也是个坏消息。之所以这么说，是由于基于经济学家半个世纪构筑的理论，如果通货膨胀预期稳定的话，就不会出现通货膨胀。那么，现在通货膨胀已经来了，如何理解这一现象？目前还没有定论。

如果是乐观的且信奉现代物价理论的人士，对这次的通货膨胀可能会有点不知所措，依旧认为总有一天会自然平息。也许的确会这样，我也希望是这样。但存在其他的可能性，也许是出现了现代物价理论没有预想到的状况。如果真是这样，问题就严重了。

在20世纪70年代应对通货膨胀失败教训基础上发展起来的现代物价理论，其研究对象是过度需求引发的通货膨胀，半个世纪以来的治疗药方也是针对需求驱动的通货膨胀开具的。正像我们在第2章分析的，美国现在的通货膨胀是源于供给不足，不是需求侧而是供给侧引发的。供给侧引发通货膨胀的研究，是现代物价理论的盲点。

以盲点为出发点重新思考当前的通货膨胀问题时，结论可能不是我们所愿意看到的，但不得不说，我们不能再忽视这个问题。

现代物价理论忽视的因素

失去神通的"菲利普斯曲线"

现在出现了经济学家和中央银行政策制定者没有想到的现

象，第1章所分析的变形"菲利普斯曲线"直截了当地说明了这一点。

简单地回顾一下，菲利普斯曲线的横轴表示失业，纵轴表示通货膨胀率，将每月或每年的数据导入，就可以得到一条向右下方倾斜的曲线。曲线向右下方倾斜，意味着失业率上升时通胀率下降，失业率下降时通胀率上升。

菲利普斯曲线是半个世纪以来经济学家雪耻20世纪70年代通货膨胀之辱的核心概念。简单地说，如果要在现代物价理论中选择一个最重要的关系式，占压倒多数的经济学家都会选择菲利普斯曲线所表达的关系式。这个关系式既可以从理论上说明通货膨胀率是如何决定的，还可以用于指导中央银行采取怎样的政策来抑制通货膨胀。总之，这是讨论通货膨胀问题时最最重要的关系式。而当前的严峻事态却是，一个如此重要的关系式失灵了。

图3-2再现了图1-2的美国菲利普斯曲线，描述了2007年1月到2022年5月间月度失业率和通胀率的关系。这里的通胀率指标是美联储制定货币政策时使用的个人消费支出（PCE）平减指数（扣除食品和能源价格），圆点表示的是2007年1月到2020年12月之间的数据，包括雷曼事件冲击后的经济萧条以及新冠病毒流行初期消费萎缩期间的物价动态。

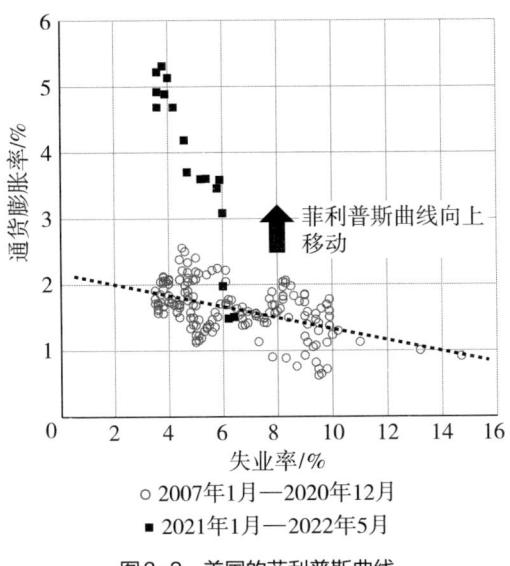

图3-2 美国的菲利普斯曲线

○ 2007年1月—2020年12月
■ 2021年1月—2022年5月

从2007—2020年的数据可以看出，明显存在失业率下降物价上升的反向关系。具体的关系是，失业率每下降1个百分点，通货膨胀率会上升0.1个百分点（虚线显示了二者关系）。

"失业率下降1%，通胀率提升0.1%"，显示通胀率对失业率的反应并不是非常灵敏。换句话说，与以前相比，菲利普斯曲线已经变得平缓。究其原因，可以归结为第1章涉及的经济全球化等因素，企业为了降低成本在海外设立生产基地，物价水平很难提高。虽然出现曲线斜率变小的现象，但还是存在明显的替代关系。

在2021年美国疫情影响趋于稳定，经济进入重启之时，美联储经济学家手握的工具还是菲利普斯曲线。他们思考的逻辑是，如果经济重启带来酒店、住宿设施等的需求增加，相应会增加劳动力需求，失业率就会下降。在明确了失业率预期的基础上，将其带入菲利普斯曲线的关系式，可以预测未来的物价上涨幅度。

"失业率下降1%，通胀率提升0.1%"的这一历史经验数据此时就派上了用场。假如失业率下降3个百分点，通货膨胀率就会提升0.3个百分点。考虑统计上的误差，实际通胀率或许要高一些，但怎么也不会超过美联储设定的2%的通货膨胀目标。这是美联储的经济学家的思考。

"离群值"还是"变形"

进入2021年之后，美国经济完全脱离了美联储的预期。图3-2的方点显示了2021年以后的失业率和通胀率走势，数据并没有沿着美联储所设想的虚线移动，几乎呈现垂直态势。

美联储的经济学家自然也关注到了数据的变化趋势。尽管现在看来有着非常显著的垂直倾向，但由于当时是每个月增加一个点，很难准确判断趋势的改变。因此，最初美联储是将趋势改变视为暂时的离群值。

事实上，谁都可以对发布的数据做出自己的解释，看到数据及时做出准确的解释也是非常困难的，所以这里并不是要指责美联储的经济学家忽视菲利普斯曲线变化趋势和政策应对的迟缓。

随着数据的积累我们可以发现，实际上这不是离群值，而是菲利普斯曲线的变形。2021年以后的数据（方点）没有沿着虚线的走势移动，反而是向上攀升，虽说攀升，其实还不到垂直状态，是向左上方移动。由于菲利普斯曲线继续向右下倾斜，可以看出倾斜度变大。

从另一个角度看，如果将虚线表示的截至2020年的菲利普斯曲线向上移动来进行比较的话，更能清晰地发现这个问题。总之，菲利普斯曲线在2021年之后出现的变形是显著的。那么，是什么因素导致的呢？

决定通货膨胀的3个要素

要说明2021年后到底发生了什么，需要深入分析菲利普斯曲线的内涵，下面用公式来说明（本书的宗旨是简单明了地说明通货膨胀的机制，尽可能地不使用公式，但由于这个话题有点复杂，如果不使用公式说明反而更不容易理解，请允许我用最简单的方式做出解释）。

用公式表示菲利普斯曲线：

$$通货膨胀率 = 预期通胀率 - a \times 失业率 + X$$

公式左边的通货膨胀率是现实观察到的实际通胀水平，菲利普斯曲线公式表示哪些因素共同决定通胀水平。公式右边是决定通胀水平的因素。

首先，右边的第一项是前面多次提到的预期通货膨胀率，是人们预计未来通货膨胀水平的数字。如果预期未来物价要上涨，货币价值就会贬值，货币购买力下降，那么尽快出手增加购买就是理性的选择。所有的人都这么想的话，需求就会增加，进而推高物价水平。将预期通货膨胀率放在右边就是显示这一机制。

右边的第二项是失业率，就是图3-2横轴的数字。与失业率相乘的a是系数，表示菲利普斯曲线的倾斜程度。换句话说，就是失业率变化引发通胀变化的程度，取决于这个a的值。失业率高意味着劳动力过剩，为什么劳动力过剩呢？是由于需求下降（劳动力没有充分利用）。将失业率放在右边，显示了需求疲软与通胀下降之间的关系。

右边的第三项是X，是第1章讲过的供给因素。如地震带来工厂机器设备的损毁，即使没有带来严重的人员伤亡，也会降低工厂产量。再进一步讲，由于机器的损坏，人均使用的机器设备数量下降，还会降低人均产量（也称为人均劳动生产率）。劳动生产率下降，单个产品的生产成本上升，进而推高物价水平。

"a"是如何确定的

现在我们利用这个公式分析美国高通货膨胀的成因。预期通货膨胀率,如前文所述,未来一年内短期预期通胀水平提高,但5年或者更长时间的通胀预期并没有上升,所以并不能成为实际物价水平高涨的原因。

失业率得到了改善,如图3-2显示2022年5月已经下降到3.6%。失业率下降的确具有推动物价上涨的效果。但是,a值在2007—2020年没有改变,如果"失业率下降1%,通胀率提升0.1%"的对应关系不发生变化的话,失业率降至3.6%对通货膨胀的推升效应也不足1个百分点。失业率改善同样不能解释现实的高物价水平。

但是,如果有其他因素使a变大,就要另当别论了。实际上,已有学者主张菲利普斯曲线倾斜变大是高通货膨胀的原因。从2021年以后的数据看,失业率从6.4%下降到3.6%,其间通胀率从1.5%提升到了5.3%,二者的对应关系变成了"失业率下降1%,通胀率提高1.4%"。

这与2020年之前历史经验数据形成的对应关系("失业率上升1%,通胀率提升0.1%")出现了相当大的背离,我认为这个重大变化不是源于a。前面已经讲过,影响菲利普斯曲线倾斜度的一个因素是经济全球化，而在2021年以后，经济全球化没有出现快速的变化，决定倾斜度的其他因素也没有任何显著的改变。

通货膨胀的主犯是"X"吗

这个也不是，那个也不是，剩下的就只有最后的X了。

前文提及，公式右边的第二项是需求要因，第三项就是供给要因。供给要因一般指大地震那样的天灾对生产体系的破坏。现在世界各国的人们经历了两年的居家生活后正要计划重启经济，在这个过程中出现了前文提及的习惯了远程办公的劳动者不愿再回到原来的车间或办公室，年轻人因不愿按时上下班而转岗，中老年人不能转岗而提前退休等现象。这里的X因素就包括劳动市场动向对生产活动的影响。

我提出的假说是，2021年之后因某种原因导致X增大，结果菲利普斯曲线向上移动，推动物价上涨。从2021年以后的数据看，菲利普斯曲线不是完全向正上方，而是向左上方移动，显示在此期间政府财政支出增加等发挥了需求增加效应。但是X增加幅度超出了需求增加应有程度，便推动了菲利普斯曲线上移。接下来我们将以这个假说为前提，具体分析导致菲利普斯曲线位移的X。

在此之前必须声明一个问题，X作为"主犯"就是一个假设，我遵循的是排除法，预期通货膨胀率和需求因素都不能说明现实的高通货膨胀，剩下的就只有X。

我想不少研究人员沿着这个思路研究也得出了相同的结论。但还没有人定量把握和测度X，实证分析它对通货膨胀率到底产生了多大影响，由于这是进展中的现象，数据的积累并不充分，事实上，我们也是摸索前行。

经济学家和中央银行欠下的"账单"

遗憾的是，我们对于X知之甚少，这并不是由于我们自身的努力不够。作为主要国家中央银行论坛的国际清算银行（BIS），其总裁奥古斯汀·卡斯滕斯（Agustin Carstens）在近期的一次讲演中指出："中央银行的经济学家在需求方面已经积累了众多智慧，但针对供给方面的研究还远远不够，现在依旧处于黑箱状态。"美联储主席杰罗姆·鲍威尔也表示："现在出现的问题是供给侧崩塌，过于依据菲利普斯曲线而建立的现代经济模型遗漏了供给因素。"IMF首席经济学家戈皮纳特也指出："当务之急是将供给因素纳入经济模型当中。"包括我在内的经济学家，经过半个多世纪的复仇式研究，重心都是在需求侧，这个"账单"现在需要偿还了。

需要偿还账单的还有中央银行的政策制定者。经济学家半个多世纪以来考虑的都是需求过于强大引发的通货膨胀问题，中央银行的政策制定者开出的药方同样也是针对由需求引发的通货膨胀。

不完美的处方笺

如果是需求推动的通货膨胀，诸恶根源在于需求过于旺盛，降低需求就可以抑制通货膨胀。具体的运行机制是，中央银行提高利率，家庭或企业借入资金的成本上升，抑制企业建设新厂房、家庭购买新住房。抑制了消费和投资需求，就会使公式右边的失业率上升，进而降低过高的通货膨胀。

但若是通货膨胀的原因来源于供给侧，也就是 X 增加时，处方笺就变得更加复杂了。由于 X 变大是原因，就应该考虑如何消除使 X 变大的因素。遗憾的是，对于这一问题的研究目前还是空白。鲍威尔主席等专家的挫败也在于此。

我们现在明白的是，主要发达国家暂且不管 X 增加的问题，而是在用迂回方式降低需求。具体来说，通过利率上升抑制需求，需求降低后失业率也会上升，右边的第二项就会变小，这样的话，就可以抵消右边第三项 X 增加所带来的通货膨胀。这也意味着不管是供给因素还是需求因素引发的通货膨胀，中央银行的处方都是紧缩性货币政策。

解决需求因素引发的通货膨胀，直接阻断过度需求是非常有效的，而面对供给因素引发的通货膨胀，明明问题的根源在第三项，却搁置第三项而针对第二项施策，实现供给和需求的均衡，就像"江户的仇报在长崎身上"[①]，不得不说这个处方笺是不完美的。

现在解释性的说明到此为止，下面回归正题。我所关注的"X要因"具体指什么？是否真的引发了通货膨胀？这是接下来要分析的问题。

"经济服务化"趋势的逆转——消费者行为变异

从服务消费再次回归到货物消费

影响 X 的第一个因素是消费者行为变异。新冠疫情之初，消费者远离了所有人与人密切接触的服务消费，世界各地出现了酒店、住宿设施、商业设施、理发店、健身房等场所空无一

[①] 江户古城位于现在的东京都，长崎县位于日本国最南端，两个距离很远的城市因完全不相干的事件而错报往日的仇恨，意味着张三的仇报在李四身上。——译者注

人的现象。

居家生活的人们将消费的对象从服务转向了货物，在餐厅停止营业后，人们不得不在家自己做饭，超市的销售额提升，净销售额也大大增加。我们应该注意的是，这一现象不是暂时性的。最早这被视为疫情初期的特殊现象，现在经济进入重启之后，服务消费还是没有恢复到疫情前的水平。

图3-3显示了美国货物和服务消费的占比状况。2019年到2020年3月美国总消费中服务消费占比为69%，这个占比在疫情暴发后出现了很大变化。疫情持续一年多后的2021年3月，服务消费占比下降到64%，与之相对的是货物消费的增加。

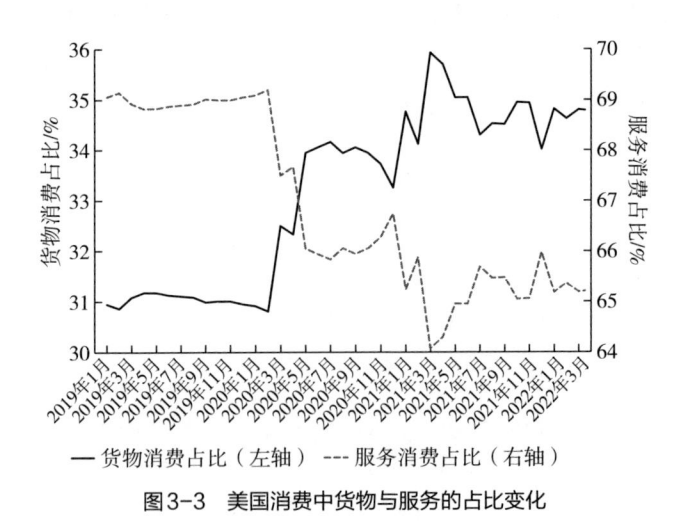

图3-3 美国消费中货物与服务的占比变化

之后服务消费出现了一些回弹，进入2022年后，基本维持在65%的水平，还是没有恢复到从前的水平。

在疫情暴发之前，人们的消费出现了服务消费趋势性增长，相应地，货物消费占比持续下降，这一现象被称为"经济服务化"。

在经济处于赶超阶段的发展中国家，人们要享受生活、丰富家庭娱乐，首先要备齐各类生活用品，如日本在经济高速增长时期的三大神器——电视机、洗衣机和电冰箱，成为普通市民追逐的对象。

在经济发展成果惠及人们生活的发达国家，大多数家庭都拥有了这些物品，人们不再考虑拥有更多的物品，而是扩大了享受体验或感受的服务消费。人们不再通过购买货物来满足需求，而是希望获得其他人的服务，并将此理解为富足生活的组成部分，这就是经济服务化。

现在这一趋势出现了逆转。图3-4显示美国半个世纪以来货物消费占比的变化，1970年之后虽有小的波动，但可以说长期一直处于下降趋势。1970年货物消费占比为50%，之后下降，到2020年年初降至31%。

持续了半个世纪的趋势，以新冠疫情为契机突然出现了反转。这是一个划时代的变化。

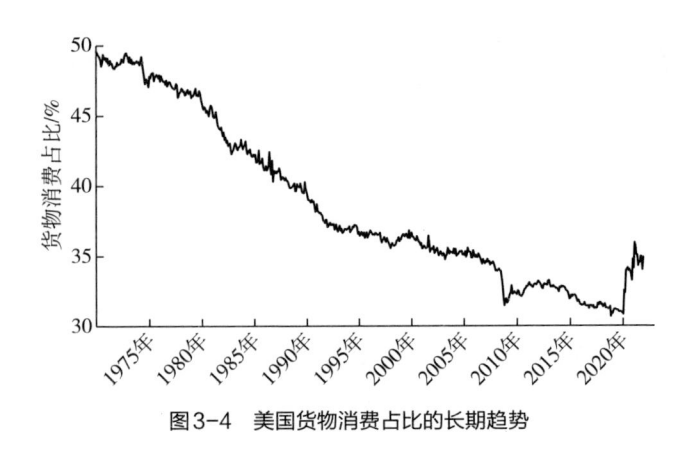

图3-4 美国货物消费占比的长期趋势

"突然""同步"的需求变动

也许有人认为，消费者偏好从服务转向货物这个现象，并不会产生太大影响。的确，在通常情况下，假使某些消费者偏好从服务转向了货物，同时可能会有相同概率的消费者偏好从货物转向服务，作为整个社会来说，服务和货物消费的比重不会发生太大变化。

但是这次不同。所有国家的所有人同时从服务消费转向了货物消费，"同步"成为最大的特征。如果是正常情况下，绝不会出现如此规模的同步现象。

另外一个重要的关键词就是，需求的"突然"变动，从图3-4也可以发现这一点。疫情暴发前存在明显的由货物消费向服务消费过渡，但不是突然的，而是经历了数十年岁月缓慢发展而来的。正是由于缓慢变化的缘故，才使服务行业和生产制造业完全能够适应需求变化而做出相应的调整。

而现实是，一方面由于制造业的需求连年下降，生产所必需的劳动和资本（机器设备等）的投入也相应减少；另一方面，服务产业的需求增加，带动了服务领域劳动和资本投入的大幅增长。

因此，从劳动力角度说，大学毕业生进入服务业的占比连年增加，还出现了生产制造业劳动者向服务行业的转岗。资本方面也是如此，生产制造业克制购买和更新设备，导致资本投入逐渐减少，而服务业大幅增加了设备投资。劳动和资本之所以顺利地实现了产业间的转移，原因就在于需求变化是缓慢进行的。

与此相对应的是，这次的需求变化是突然发生的，资本和劳动的产业间转移赶不上需求变化的速度。在此之前的变化都是从生产制造业转向服务行业，突然出现的逆向回转必然让人措手不及。

比如某个健身俱乐部的经营恶化以致被关闭，这个空间是可以转变为货物的生产车间的，但不是一朝一夕可以完成的，让健身房的教练第二天到半导体工厂上班也是不现实的。劳动和资本的产业间转移，是数年或者更长时间才能实现的。

与服务价格相比，货物价格上涨

需求的转向是瞬间完成的，但是劳动和资本的转移却是非常缓慢的——这会引起什么问题呢？即使对货物制造业的需求增加，但由于人手和设备不足，也难以形成有效供给，也就是会出现供不应求的现象。相反，服务行业尽管出现了需求下降，但设备和人员却还留在那里，结果与制造业相反，呈现供大于求的现象。

制造业需求过剩引发价格上涨，同时服务业供大于求出现价格下降。图3-5显示了发达国家货物价格与服务价格之比的变化情况。疫情开始以后，与服务价格相比，货物价格有了很大提升。

到此为止的道理，我想大多数人都可以明白，但好像与我们的现实生活感受并不一致，对吗？话题并没有到此为止，下面才算渐入佳境。

本书研究通货膨胀问题，通货膨胀不是指单个产品的价格上涨，而是所有产品价格均上涨，是普通消费者生活所必需消费的各类货物和服务价格总和（也称为生活成本）的上涨，当然也会有价格下降的货物和服务。运用需求转向能够说明的，只是与服务价格相比的货物价格上升。由于生活成本既包括货

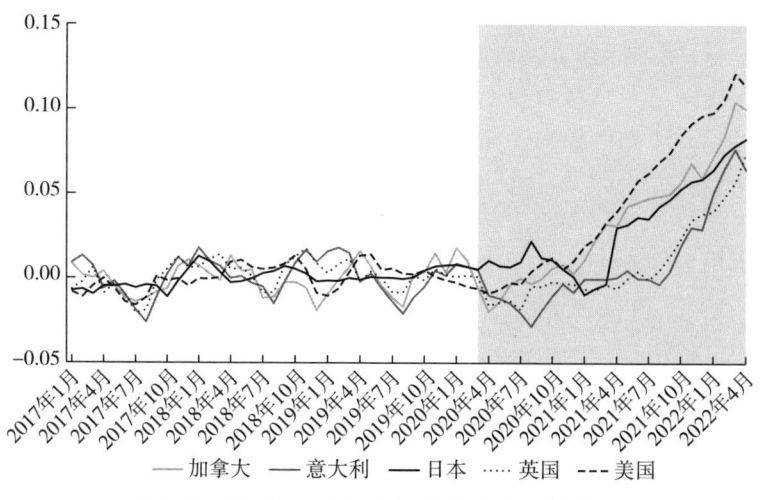

图3-5　发达国家货物价格与服务价格之比变化轨迹
注：剔除疫情暴发前的趋势。

物价格，也包括服务价格，需求转向无关生活成本是否增加的问题。

欧美国家现在已经出现了通货膨胀。从消费者物价统计数据看，货物价格快速上升，虽然服务价格上升没那么快，但也出现了上涨。也就是说在货物和服务价格同时上涨过程中，货物价格上涨更快，因此才出现货物价格与服务价格之比的上涨。

货物与服务的"价格刚性"差异引发通货膨胀

为什么会出现这种现象？理解这个问题的关键是理解价格刚性这一概念。

价格刚性是约翰·梅纳德·凯恩斯在1936年出版的著作中提出的概念。书中指出，所谓"根据供给和需求变化瞬间调整价格"的价格弹性现象，在现实中是不存在的，价格的调整需要一定时间才能完成。这种说法是有道理的，超市的巧克力价格并不是时时刻刻都发生着变化，价签的更换往往是几天或者是几个月一次，这与显示实时价格变动的股票市场完全不同。

2000年以后的研究也证实，与物质产品相比，服务具有更强的价格刚性。之所以出现这种状况，是由于服务业成本的绝大部分是人头费（工资），工资具有典型的易升不易降的刚性特征。的确，工资是人们生活的基础，频繁的工资变动难以维持稳定的生活。因此，所有国家都设计了刚性工资制度。

伴随需求重心转向物质产品，一方面，服务的价格本来应该下降，但由于服务价格的强刚性特征，价格难以下降。另一方面，物质产品价格本来就应该上升，由于价格刚性低（具有价格弹性）而迅速上升。该上涨的一个劲儿上涨，该下降的却没有下降太多，因此出现了整体物价上涨——这就是欧美国家的通货膨胀。

那么，日本是什么情况呢？图3-6显示了日本与其他欧美国家一样，也出现了货物价格与服务价格之比上升的现象。欧美国家的情况是，刚性强的工资都出现了上涨，导致服务价格上升，但不及货物价格上涨速度。与此相对应的是，日本工资刚性非常强大，至今没有出现工资的任何变化，服务价格也就没有发生太大变化。

在这个过程中，日本的货物价格上升幅度也不像欧美国家那么大，但还是出现了货物价格与服务价格之比上涨的现象。这个现象与欧美国家没有差异，但个中缘由却存在很大差异。第4章将详细说明日本工资以及服务价格问题。

已经不再回归职场——劳动者行为变异

英美出现的"离职潮"和"提前退休潮"

出现行为变异的不仅仅是消费者，劳动者的行为也发生了改变。

以新冠疫情为契机，英美国家突然出现了众多不愿再回到职场而选择主动辞职或提前退休的人员，这就是前文提及的"离职潮"和"提前退休潮"。

劳动者不愿再提供劳动，这是典型的供给冲击。劳动力供给减少时，同样数量的生产所需要的成本上升，在菲利普斯曲线公式中，就是公式右边最后一项X的增加，它引发通货膨胀。这个问题与当前的通货膨胀密切相关。

下面，我们来确认劳动者行为变异这一事实。图3-6显示了美国非劳动人口的变化轨迹。非劳动人口是指年龄在15岁以上的成年人，具有劳动能力但没有工作，也没有意愿寻找工作的人群。该图是根据1975年以来的时间序列数据绘制的，既可以反映人口结构等的变化，也显示美国非劳动人口的趋势性增长态势。

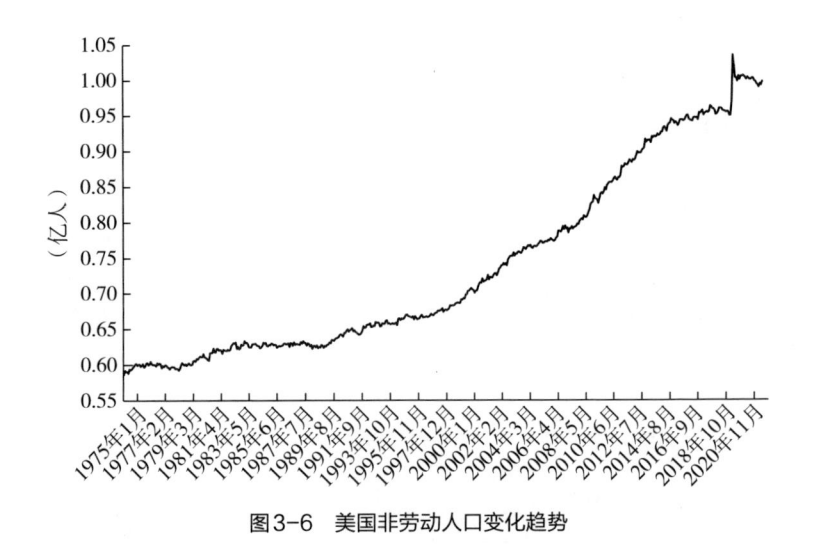

图3-6 美国非劳动人口变化趋势

特别需要提醒的是，图3-6的右端突然出现的跳跃，就是伴随新冠疫情暴发而出现的非劳动人口增加状况。疫情暴发前，美国非劳动人口约为9 500万人，2020年4月突然增长到1.04亿人，创纪录地增加了900万人。之后随着疫情趋向平稳，非劳动人口数量出现了一定程度下降，总数降至1亿人左右，但与疫情前相比还是增加了500多万。

疫情暴发后非劳动人口增加的问题，已经成为经济研究领域讨论的焦点。大多数人都认为这只是暂时的现象，只要经济活动恢复，很多人就会回归原来的职场。但是直到疫情持续的第三年2022年夏季，很多劳动者都并没有回归职场。

由于非劳动人口本来就有增长态势，所以人数增长本身并不奇怪。但是，疫情暴发后非劳动人口的变化背离了过去50多年形成的趋势。很多人以为总有一天其还会回到原来的轨迹，因为在历史上的诸多事件中，经常出现偏离原有趋势、之后再向趋势回归的现象。

但是，偏离原有趋势，尔后在延长线上形成新趋势的事例也并不少见。那么，如果笃信迄今为止存在一个稳定的趋势，无论如何都将回归到这个轨迹，岂不是有点危险吗？

没有回到职场的智能手机终端

这里介绍一个有趣的现象。图3-7是根据谷歌公司提供的智能手机定位数据制作的主要国家智能手机位置图，对疫情前和2022年5月的数据进行了比较。可以发现，疫情后美国在"职场"的手机减少了18%，在"车站"的手机下降了19%，美国以外的英国和加拿大的上述数据也出现显著下降。

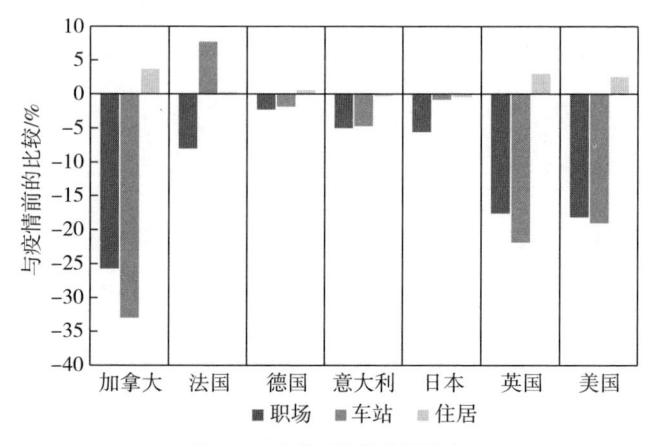

图3-7 智能手机的位置信息

这个数据只是说明了智能手机的所在位置，至于为什么手机放在那里并没有解释。需要提醒的是，美国一直存在"居家办公"模式，这与日本有着很大差异，职场智能手机终端数下降有相当一部分被认为属于这个原因。因此，我认为能用"离职潮"或"提前退休潮"来说明职场手机终端下降的部分并不是很多。

从劳动力供给的角度来说，不在职场的"居家办公"提供了劳动力供给，与完全不提供劳动力供给的"离职潮"和"提前退休潮"是存在差异的。无论如何，劳动者没有回到原来的办公室或工厂是个事实。从这个意义上说,确实出现了劳动者的行为变异。

不管是什么理由,若劳动者不再回到办公室或工厂,也就不会在职场附近的餐馆进食,从自家附近的超市购买食材烹饪餐食的机会就会增加。这就加剧了从服务业向物质生产行业的需求转移。从中可以看出,劳动者的行为变异与消费者的行为变异紧密相关。

曾有报道说,大型电动汽车公司的首席执行官埃隆·马斯克曾命令员工迅速回到工作岗位,他在推特中写道,如果不立即回到岗位就马上开除。且不论这件事的对与错,其反映出的是若不说得这么严厉,员工就不愿意回归职场。我认为这件事说明劳动者行为发生了深刻变化。

"社交距离"后遗症

接下来,我们探讨为什么会出现"离职潮"和"提前退休潮"。芝加哥大学有一个连续进行"居家办公"的调查小组,这个小组提出了一个很有意思的概念,就是"长社交距离"(long social distancing),如图3-8所示。

感染新冠病毒的人从急症到逐渐恢复,即使是转为阴性后还会受到新冠后遗症的困扰,这种状态称为"长新冠"。在社

疫情结束后你的社交距离意识会发生怎样的变化?

完全回到从前	几乎回到从前*	部分回到从前**	绝对回不到从前
41.3	30.0	16.0	12.7

*：讨厌地铁和人员拥挤的电梯
**：讨厌聚餐及出租车拼车

回答"绝对回不到从前"的人员结构

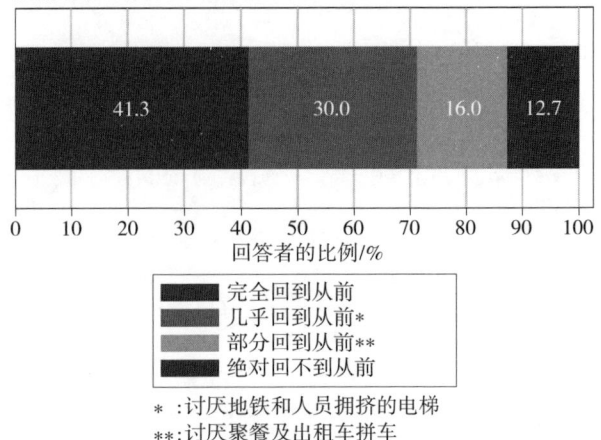

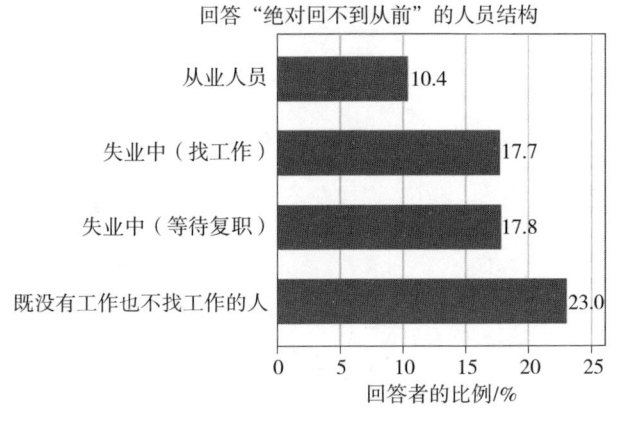

从业人员	10.4
失业中（找工作）	17.7
失业中（等待复职）	17.8
既没有工作也不找工作的人	23.0

图3-8 "长社交距离"现象

资料来源：Barrero, Jose Maria, Nicholas Bloom, and Steven J. Davis. "Long Social Distancing." April 15, 2022.

交距离之前加上长，意味着"尽管新冠疫情得到控制，社交距离还是要长期保持下去"。

根据他们的问卷调查，60%的人认为即使新冠疫情得到控制，社交距离还会持续下去，不可能完全回到从前。若进一步问"回不去"到什么程度，回答"讨厌地铁和人员拥挤的电梯"的人约占30%，回答"讨厌聚餐及出租拼车"的占16%，有13%的人更决断地回答"绝对回不到从前"。从参与问卷调查人员的结构看，高龄者、女性、低学历及低收入阶层人群的社交距离感比较强烈。

芝加哥大学的研究团队还对回答"绝对回不到从前"的人群进行了就业状况调查。结果显示，1/4的人既没有工作也不想找工作，属于非劳动人口。这些人已经习惯了疫情中形成的与他人保持距离的方式，疫情结束后还在延续着不愿外出就餐和乘坐地铁的习惯，自然也就忌讳回归职场继续工作。

前文提及，在新冠病毒大流行的前两年，由于对病毒的恐惧心理作怪，消费者避开了面对面消费，劳动者也抗拒回到职场工作。考虑到当时可怕的感染状况，消费者和劳动者的行为变异是完全可以理解的。

值得注意的是芝加哥大学的调查是在2022年4月进行的，美国重启经济已经经历了很长时间，运用"恐惧心理"难以解释这些现象，应该考虑其他因素。我认为与"长新冠"一样，经济主体的行为也有后遗症，这是阻碍劳动者回归劳动岗位的原因。

人类从战胜传染病历史中所学到的

那么，假如经济主体的行为也有后遗症，这个后遗症会持续多长时间？这是展望未来通货膨胀时极其重要的一点，也是很多人最想知道的问题。遗憾的是，包括我在内的经济学家不能给出答案，或许要经历几个季度，或许要经过数年，只能是一个模糊的概念。

但是也不能说完全没有线索。过去人类与传染病斗争的历史给我们带来许多有益的启发。加利福尼亚大学奥斯卡·乔尔达教授等人选取了从14世纪的黑死病到2009—2010年非洲猪瘟（H1N1流感）在内的19种传染病事件，收集了疫情结束后的工资等数据信息，研究疫情结束后经济发生了怎样的变化。

图3-9显示了英国实际工资的变化轨迹。横轴表示疫情结束后经过的时间，纵轴表示与疫情前相比实际工资发生的变化（阴影部分是估计值的统计误差）。在没有疫苗、治疗技术相对落后时期，疫情带来大量人员伤亡，劳动力供给受到极大影响。因此，严重的人手不足导致实际工资上涨约10%。需要注意的是，这种局面会持续多长时间。根据估计结果，实际工资上涨将持续到疫情结束后的第20年，之后才出现缓慢下降。这意味着疫情后遗症持续了20年。

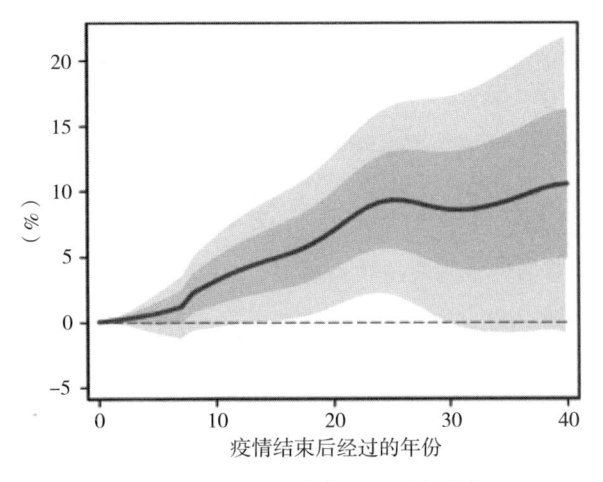

图3-9　过去的疫情对实际工资的影响

资料来源：Jordà, Òscar, Sanjay R. Singh, and Alan M. Taylor. "Longer-run Economic Consequences of Pandemics." Review of Economics and Statistics, 104(1), 166–175, January 2022.

这次的后遗症也会持续这么长时间吗？思考这个问题时需要强调的重要一点，是过去疫情的死伤人数与这次并不在一个数量级上。前文提及，100年前的西班牙流感死亡占全球人口的2%，而这次的死亡率不到0.1%，本不应该对劳动力供给产生很大的影响。那么如果要问为什么出现了劳动力供给的减少，主要原因是不想回到职场的人数在增多。这些劳动者希望与他人保持适当的距离，而现实的职场环境不能满足这一需求，因此他们就不愿意再回归职场。

如果真是这样的话，对于那些无论如何都要确保优质劳动力的经营者来说，或许会改造办公室或工厂环境，以满足日常工作中的距离需求，或者不是将钱用在改善环境上，而是直接给员工加薪（或者是秘密地发红包以提高员工工资）。如果雇主能采取相应对策尽快恢复劳动力供给，那么自然也会缩短后遗症的持续时间。

这么说的话，持续20年就是最坏的场景，实际上我也认为不会持续那么长时间。但同时我们也知道，在人类长期与传染病战斗的历史中，感染的结束并不是战斗的结束，之后还有长期的后遗症等着我们。这是过去重大传染病带给我们的启示，我们应该将这种意识牢牢印刻在脑海中。

去全球化——企业行为变异

全球供应链出现的"负面连锁"

疫情几乎切断了过去几十年跨国公司在全球范围内构筑的供应链。2022年，中国上海这样的大城市也实施封城，工厂停工，港口设施停止运行，导致日本、韩国等国家和地区的企业构筑的亚洲供应网络几乎陷入瘫痪。

实际上，2021—2022年也曾经出现过供应链中断导致日本、美国的汽车生产难以正常运转的状况。加上当时的半导体短缺，汽车电气配线、空调、导航等必不可少的汽车配件都是中国及东盟国家生产的，一个国家感染扩大一旦引发工厂停工，供应链上等待该国零部件供应的他国企业就被迫停产。

疫情暴发导致物流陷入瘫痪。由于港口是物流的连接点，为了疏散聚集到港口的货物，港口便成为人员最密集的场所。一旦负责装卸货的职员感染了新冠病毒，很快就会在港口设施内以及港口之间扩散。如果强化抑制感染措施，必然会大大降低港口设施的利用率。此外，港口劳动者同样也因害怕被感染而出现了部分人员辞职，导致人手严重不足。结果，与以前相比，货物通过港口的时间超出了几倍。世界各地港口常常出现远洋运输的集装箱货轮在海上停泊数周的情况。

有观点认为，全球供应链出现的这些"负面连锁"反应不会永远持续下去，最晚到2023年就会消除。引发当前通货膨胀的一个重要因素，就是供应链运行不畅，近来这个因素的确在逐步改善，这是让人安心的一点。

但是，经历过供应链断裂的企业，开始质疑迄今为止全球范围内构筑供应链的战略是否正确，以此为契机，正在审视全球生产体系本身。与消费者和劳动者相同，企业也出现了行为变异。企业的行为变异也会对物价产生影响。

已经出现的全球化重构趋势

企业之所以要重构全球供应链，其原因是多方面的，假使这次疫情带来的供应链断裂问题得到解决，也不能保证今后不会出现类似的问题。同时企业还意识到不是天灾而是地缘政治的俄乌冲突也有可能带来供应链断裂。

在这个过程中，已经出现了将分散在世界各地的工厂迁回国内，或者转移到睦邻国家的现象。比如美国就出现了将生产基地迁回美国以及向加拿大、墨西哥等转移的现象。

这个过程被称为去全球化，实际上在疫情之前已经出现，并引起学术界和实业界的关注。为了理解这个现象，我们看一看世界贸易的发展趋势。图3-10显示了世界贸易额占世界GDP的比重。20世纪80年代中期开始到2008年，世界贸易额增长非常迅速，从过去150年历史看，也是史无前例的全球化快速推进时期。

正像第1章"2020年的大事件——全球系统性危机"中讲过的苹果手机制造模式，使全球分工体系获得了快速发展，同时贸易额也极度膨胀。2001年中国加入世界贸易组织，被认为是连接整个世界的自由贸易体系形成。

货物制造企业经常与世界上的同业者展开激烈竞争。拥有低

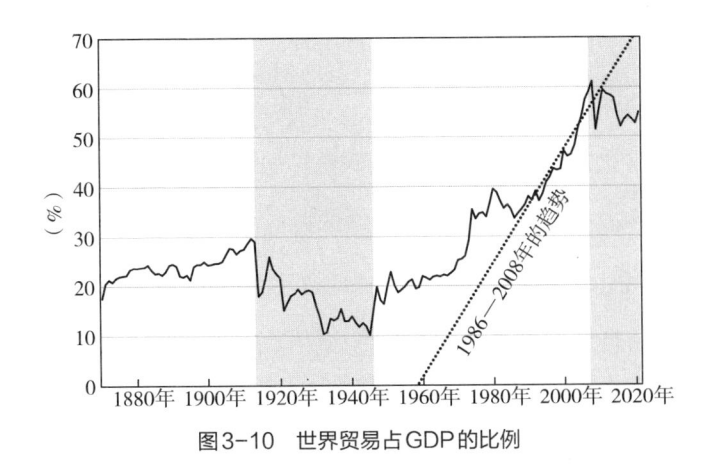

图3-10 世界贸易占GDP的比例

工资且高工作效率的劳动力是竞争胜出的生命线,因此这类企业陆续在亚洲、东欧及中南美洲设立生产基地,构筑供应链体系。

结果,全球性企业的制造成本大大降低,发达国家制造业产品价格也难以上升。如在21世纪第一个10年的前半期,日本的优衣库被认为是高品质和低价格的象征,在很短的时间内,席卷了整个服装面料市场,成为服装市场的价格基准。如果世界各地都出现这种现象,那很容易想象吧!经济全球化是发达国家能将通胀率控制在较低水平的主要原因。

追求供应链安全与稳定

2008年世界贸易突然停止了增长,直接原因是雷曼兄弟公司破产引发的世界经济急剧衰退。

世界贸易停滞的背景有来自民粹主义和贸易保护主义抬头的政治性因素。雷曼事件冲击后，与发达国家经济停滞相对应，中国经济迅速崛起。美国经济不景气加剧了国民分化"撕裂"，受其影响诞生了特朗普政府，特朗普政府挑起了与中国的贸易争端，同时出现的欧洲经济危机招致了英国脱离欧盟。

在这种状况下出现的新冠疫情（还有俄乌冲突），促使全球化企业强烈意识到全球供应链很难继续稳定运行，虽然欧美国家开始了疫情后的经济重启，世界贸易也很难进入稳定的恢复轨道。

经济全球化追求的是彻底的性价比，基于这一意识，为降低成本可以在世界各地设立生产基地。与此相对，去全球化的背后是重视供应链的安全与稳定，为实现这个目标不得不放弃成本绩效指标。这一理念必然推动全球化企业提高成本，促使制成品价格上涨。去全球化过程是长期的、静悄悄的供给冲击！

全球化企业回流

根据科尔尼国际管理咨询公司以美国企业经营者为对象进行的调查数据，回答"已经进行回流（将生产基地迁回到美国或转移到邻近国家）"的比例高达47%，"3年内计划回流"的占29%，"还没有确定，以后估计会回流的"占16%。也就是说，92%的企业计划在未来数年内实施产业回流。如果这成为现实，还会进一步加剧世界贸易萎缩。这意味着即使在疫情结束后，世界贸易也回不到以前的轨道。

供应链混乱所带来的通货膨胀可能会很快结束，但是，替代它的是曾经作为抑制通货膨胀的经济全球化发生逆转，物价水平还会上涨。经历了疫情暴发，企业的行为也出现了变异，可能提升未来的通货膨胀率。

"3个后遗症"形成的"新价格体系"

本章到现在为止说明了当前的通货膨胀主要来源于供给侧因素，其背后是消费者、劳动者和企业的行为变异。图3-12做了简单总结。最值得注意的是这些行为变异即使在疫情结束后依然存在，今后也不会立即消失。这种持续性的行为变异应该被称为新冠疫情的经济"后遗症"。

这些行为变异有一个很重要的相似点，即这些行为大大改变了以往的趋势。图3-11的第一列显示消费者的行为变异，即需求从服务消费转向货物消费。在疫情暴发前，所有发达国家的消费都是从货物消费逐渐转向服务消费，是"经济服务化"趋势，而现在的趋势完全相反。

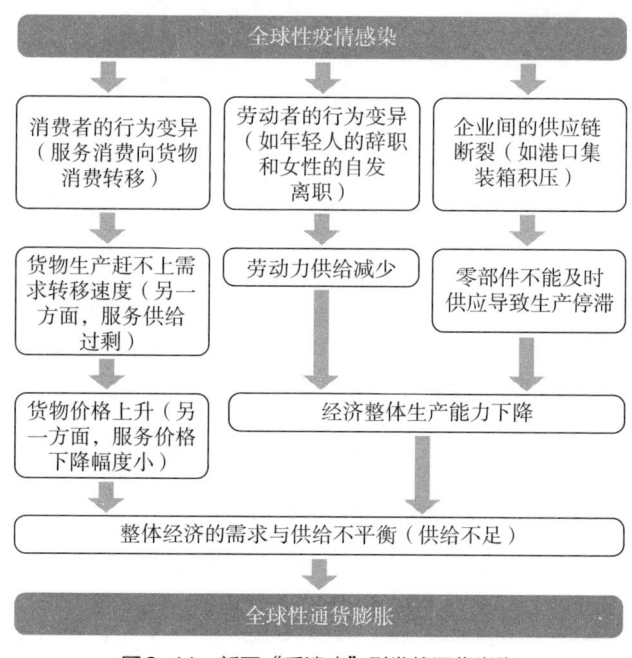

```
全球性疫情感染
 ↓           ↓           ↓
消费者的行为变异   劳动者的行为变异   企业间的供应链
（服务消费向货物  （如年轻人的辞职  断裂（如港口集
消费转移）      和女性的自发     装箱积压）
              离职）
     ↓           ↓           ↓
货物生产赶不上需   劳动力供给减少   零部件不能及时
求转移速度（另一              供应导致生产停滞
方面，服务供给
过剩）
     ↓                  ↓
货物价格上升（另       经济整体生产能力下降
一方面，服务价格
下降幅度小）
              ↓
     整体经济的需求与供给不平衡（供给不足）
              ↓
         全球性通货膨胀
```

图3-11 新冠"后遗症"引发的通货膨胀

图3-11的第二列显示的是劳动者的行为变异，既没有工作也不想找工作的人们，也就是非劳动人口增加。在疫情暴发前，发达国家就出现了非劳动人口缓慢增加的态势。自己不工作、靠社会供养的人数逐渐增加。疫情冲击进一步加剧这一态势。

图3-11的第三列显示的是企业的行为变异，企业正在将生产基地从海外迁回本国或者转移到相邻国家。企业的这些行为与经济全球化时代的海外布局形成鲜明的对照。

长期趋势的"突然"转向

上述这些历经数十年形成的趋势发生改变，还不是最重要的，最重要的是"突然"转向，且世界上所有人和企业同时发生改变，呈现"同步性"。

通常情况下，如果一件大事是缓慢进展的，人们的反应容易出现差异。与此相对应的是，以"突然"且"同步"方式出现的大事件，对经济的影响是巨大的。新冠疫情暴发就是如此。在我看来，"突然""同步"是研究新冠疫情对经济影响问题的关键词。

3个经济主体行为变异的共同之处是，对过度"连接"的修正。疫情暴发之前的社会是追求人与人、人与企业，以及企业与企业之间的充分连接，以此来提高经济效率。

举一个简单的例子。某个国家的一位陌生研究人员看到我未公开发表的一篇论文，发来邮件咨询，在云平台上共享数据并通过视频会议交流学术观点，在这个过程中我们确定了未来的合作研究课题。如果在过去的话，没有公开发表的论文被外国读者阅读到的机会应该非常有限，更妄谈相互间交换数据、在虚拟空间上"面对面"交换意见。也就是说，信息通信技术的发展，大大降低了人与人密切连接所需要的各种成本（包括金钱和时间成本）。

或许我们过于轻易地建立了连接。去全球化显然就是过度连接的回弹；过去将多样化的人才集聚到一个场所，追求生产和技术革新高效率的企业，现在遭遇"离职潮"和"提前退休潮"烦恼，也是过度连接所带来的；追求面对面、与他人联系的舒适感的消费，触发了服务经济化的反向运动。

向"新价格体系"转型已经开始

长期趋势的重大改变，对价格形成自然产生很大影响。随着长期趋势的改变，包括货物与服务的各种商品价格以及各种类型的劳动者工资都要发生变化，这就是我正在思考的问题，并将这种现象称为"新价格体系"。

劳动者的行为变异这一后遗症如果长期持续的话，作为补偿劳动的工资在整个产品价格中的占比就要提高（也就是提高实际工资），从而形成疫情后的新价格体系。前文介绍的过去传染病的经济效果（图3-9），清晰地表明过去曾发生的工资变化并不是一个短期现象。

另外，消费者的行为变异如果长期持续的话，与服务价格相比，货物价格的上升，同样影响后疫情时期的新价格体系。发达国家已经出现了服务与货物价格变化不同步现象（图3-5），今后还会持续下去。

去全球化会导致可贸易产品价格上涨，以及为应对新兴市场国家的劳动力竞争而提升发达国家的工资水平。可贸易产品价格以及工资是否会回到疫情前水平，存在很大不确定性。在新的价格体系下，肯定会出现比现在还要高的价格和工资。

当前的通货膨胀可以视为世界经济向新价格体系过渡当中的现象，从这个角度来看，通货膨胀将是未来一个非常重要的问题。

日本会发生"逆转"吗

向新的价格体系过渡或许需要很长时间，但总有一天会完成，这时通货膨胀也会停止。从这个意义上说，通货膨胀也是阶段性和暂时性的，不会永远持续下去。但是我们还不知道向新价格体系过渡需要多长时间，阶段性也许是持续数个季度、数年，或者更长时间。遗憾的是，现在谁也不知道准确答案。

如果消费者、劳动者和企业的行为变异长期持续的话，一定会过渡到新的价格体系，过渡过程中的种种价格变化也是不可避免的。基于这种认识，有必要进行思维转换，即不应该"抑制"过渡过程中的各种价格变化，而应该"接受"这个变化。

比如，就服务消费需求向货物消费需求的转移，由于货物价格与服务价格相比有了提高，将诱导企业增加货物生产领域的机器设备和劳动投入，同时会减少服务行业设备及劳动的投入。即使这不是业界所希望的，也不能阻止这种产业间的要素流动，更不应该阻止。各国政府需要出台必要的措施完善政策环境，促进不同产业间劳动和资本的顺利转移。

关于这一点我所担心的是，日本能否实现资本与劳动的产业间正常转移。在疫情暴发之前，就有学者指出，日本并没有成功实现劳动与资本从衰退产业向新兴产业的转移，担心这次出现相同的问题。

另外担心的是，伴随劳动力供给减少的日本工资调整滞后问题，美国等国已经通过提高工资的方式开始转型，到现在为止日本还没有提高工资。好多人都认为，在日本因人手不足而提高工资简直就是痴人说梦！但是疫情是人类与病毒的战斗，过去两年的经历表明，病毒面前没有国籍。我认为，如果作为新冠后遗症出现劳动力供给减少，日本也不能例外，必须提高工资！

第 4 章

"两种病痛"的折磨
——慢性通货紧缩 + 急性通货膨胀

落伍的日本

到现在为止，我们或者以欧美国家为例，或者从全球出发，讨论了当前的通货膨胀问题。但从个人角度出发，也许会更想了解自己所处国家的情况。接下来从日本国内的情况展开讨论。这是与我们的生活密切相关的。

从本章开始，我将在前面所分析的全球性通货膨胀问题的基础上，详细分析疫情前后日本经济发生了什么，未来又会怎样发展。

2022年"全球通货膨胀率排名"

首先，如果要问疫情前日本经济与物价是什么状况，答案就是自20世纪90年代中期以来日本已经持续了1/4个世纪的极低物价水平，货物与服务的价格几乎一动不动。而现在，通货膨胀也来到了日本。

2022年以来，媒体报道日本价格上涨的新闻明显增多。2022年夏季进行的参议院选举中，据说"高物价"还成为一个争论焦点，在之后的内阁重组和国会讨论中，"物价对策"也是重要议题。经常接触这些报道的人们，或许都认为现在日本的通货膨胀已经很严重。

那么，日本实际的通货膨胀率是什么水平呢？这里让大家看一个令人吃惊和深思的数据。

图4-1是IMF在2022年4月统计的全部成员国2022年的通货膨胀率排名。由于统计是在4月进行的，所有数据都是IMF在各成员国发布的月度统计基础上预测而来的。虽说是预测，对照迄今为止的实际数据，准确度还是很高的。

按照上高下低的顺序，IMF对各国通货膨胀率进行了排名。如果要问日本的位置在哪里？就在图的最下面。IMF于2002年4月预测，日本2022年全年通胀率是0.984%，是所有成员国中最低的一个，也就是说2022年全年日本物价上涨率不足1%。排名第一的是委内瑞拉，通胀率超过500%，排名第二的苏丹为245%，第三的津巴布韦是87%。与这些"奔腾式通货膨胀"国家存在完全不同的动力模式、有点例

图4-1　2022年CPI排名

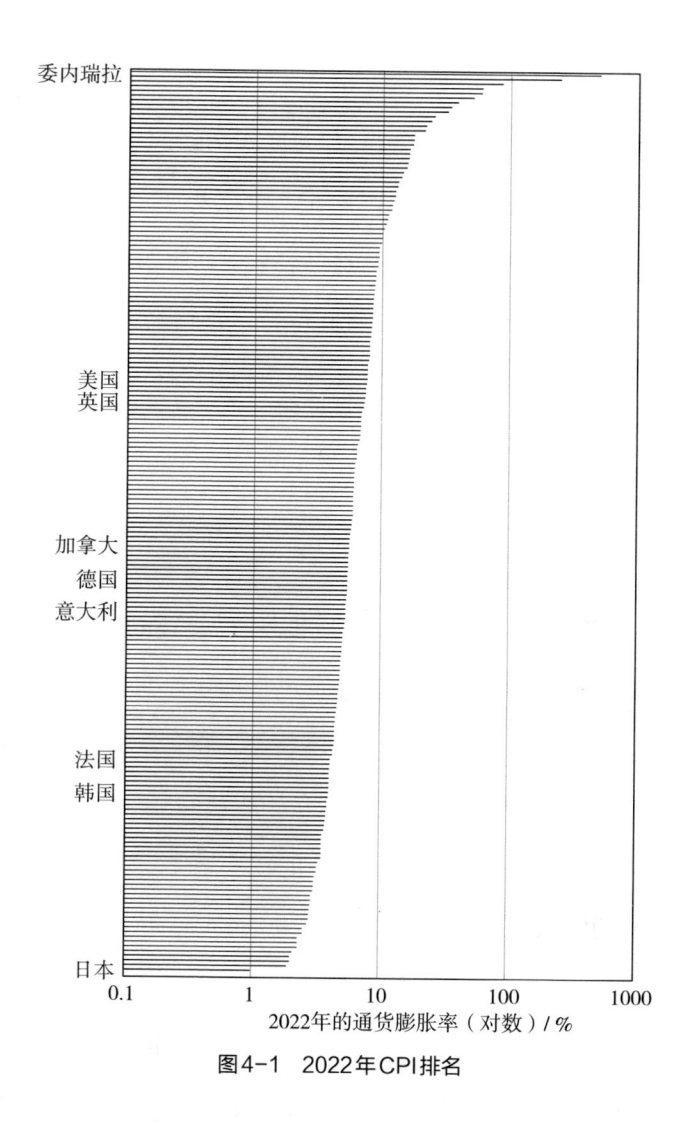

外的是其他发达国家，如美国为7.68%，英国为7.41%，德国为5.4%，通货膨胀率均远远超过了通货膨胀目标制下中

央银行制定的 2% 的目标。

这次的通货膨胀，欧美国家与日本的确大不相同。疫情暴发后，欧美国家的经济重启比日本要早得多，受到俄乌冲突的影响也比日本要严重得多。从这一点来说，与相邻的韩国比较更加合适，不管是从远离战场这点，还是从经济重启时间来说，日本与韩国的状况比较接近，2022 年全年韩国通胀率达到 3.95%，高出日本近 3 个百分点。

"掉队"的日本

从这个数据可以知道，2022 年日本通货膨胀世界排名与媒体炒作的涨价潮相背离，至少与其他国家比较，日本的通货膨胀水平非常低，很难说处于严峻状态。在我看来，这反而是日本正在脱离世界主要国家组成的大部队。IMF 的预测数值是 2022 年 4 月做出的，4 月之后日本的预期通胀率也没有太大变化。即便是考虑到这些情况，日本也是最后一位或者倒数第二位，并不会改变"掉队"的事实。

实际上，"掉队"这个词并不是刚刚出现。图 4-2 显示了 2000 年以来日本、美国、韩国和委内瑞拉四国的通胀率变动轨迹。图 4-1 使用的是预测值，这里使用的是 CPI 表示的实际物价变动水平。

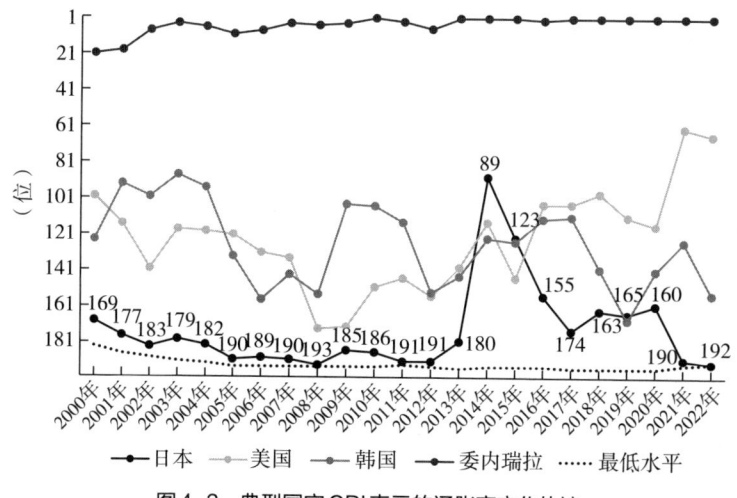

图4-2 典型国家CPI表示的通胀率变化轨迹

注：线上的数字表示日本的排名。

一直处于最高水平的是委内瑞拉，处在中间上下波动的是日本、美国和韩国，沿着横坐标的虚线是最低水平的物价上涨率（由于每年调查国家数量不同，最低物价国家的排名也有差异）。

从日本所处的位置看，2000年以来一直都接近最后一位，只有2014年出现了例外，排名大幅前移，这是由于提升消费税所带来的影响，并不是说因经济实力提升了通胀排名。

需要注意的是，2021年以后日本再次成为最后一名，也就是说在疫情之后全球许多国家出现通货膨胀之后，日本依然属于物价没怎么上涨的国家。

纵观海外媒体报道，甚至有观点认为，东亚国家总体来说通胀水平偏低，其中日本更低，根本不存在美国和欧洲各国那样的通货膨胀。日本的物价已经上涨是事实，我从一开始就不想否认这点。但日本的媒体报道与海外的统计观测存在如此大的差异，我是希望大家能够认清这一点。

"倒数第一"为什么不好

那么，"倒数第一"有什么不好呢？好多人都会认为，GDP增长率数据是排名越靠前越好，而由于通货膨胀率越高越麻烦，处于倒数第一不是很好吗？而且现在全球不仅委内瑞拉和苏丹政府，美国及欧洲国家都已经将高通胀率视为大敌，中央银行和政府正在拼尽全力抑制通货膨胀。

的确，过高的通货膨胀率是不受欢迎的，但是过低的通胀水平同样也存在问题。因此，很多国家的中央银行都将通货膨胀目标定为2%。这意味着，通胀目标超过2%不好，低于2%也不好。

尽管如此，2%这个数字有点让人不可思议。物价既不上升也不下降应该是首选的理想状态，作为常识，目标应该定为零，那么为什么不是零而是2%呢？要说明2%的制定依据已经超出了本书的讨论范围，这里并不想多讲，至于目标为什么不是零，而是超过零的正数，则与本书的主题密切相关，下面简单说明一下要点。

利率水平的下限

就像我们所看到的2022年的欧洲与美国那样，一旦出现通货膨胀，中央银行就会通过提高利率来抑制物价上涨。不难想象，如果通货膨胀持续恶化，上调利率的幅度也会很大，并且利率可以提高到任意想要的高水平。这意味着不管多么严重的通货膨胀，中央银行都可以通过提高利率加以应对。

那么，当通货膨胀降到零以下，也就是出现通货紧缩时，情况就会完全不同。与提高利率抑制通货膨胀相反，通货紧缩时应该降低利率。如果要问降低利率是否也能降到任意低的水平，答案是不可能的。也许有人会想，不是有国家实施了"负利率"吗？难道不能将利率降至零以下吗？的确，将利率降至零以下的水平是可以的，但绝不能降至任意想要的低水平，利率水平存在下限。同时也很难用某个数字表示利率的下限，研究人员一般将2%理解为利率下限。

出现通货紧缩时，中央银行应该降低利率，一旦出现严重的通货紧缩，利率下降幅度也会扩大，这与通货膨胀时的运作机制并没什么差异。但由于存在利率下限，如果通货紧缩长期持续的话，利率迟早会降至临界点，中央银行也就无计可施了。

也就是说，中央银行善于应对通货膨胀而拙于应对通货紧缩。从这个角度来说，明智的做法是在正常的情况下不追求零通货膨胀，而是保持超过零的通货膨胀水平，以防备通货紧缩状态发生。主要发达国家通货膨胀目标都不是零，而是超过零的一个正数，其原因也在于此。

日本与世界其他国家的差距扩大

再回到刚才说过的"倒数第一"现象。由于日本通胀率是超过零的正数，从这个意义上来说，即使作为最后一位也没什么问题。与欧美国家物价远远超过零的状态相比，日本维持略高于零的状态要好得多，没必要为排在末位而沮丧。

但是，与是否超过零无关，消费者物价上涨率一直处在最后一位，也不能说完全没有问题。日本消费者物价与其他国家的差距连年扩大，随着时间的推移，日本的物价比欧美国家要低三四成，出现了严重的国内外价格差。中藤玲先生出版的著作称这一现象为"廉价的日本"。如果对这种现象毫不在意的话，解决起来就更难了。本章末的专栏中详细讨论这个问题。

进口产品价格没有转嫁

接下来我们分析日本的通胀率为何处于最低水平，特别是在疫情暴发进入第二年和第三年，日本仍处于最后一位的原因何在。

图4-3显示了2022年世界各国进口产品物价上涨率和消费者物价指数之间的关系。十字记号表示一个个的调查对象国，横轴表示2022年1月至4月的进口产品价格上涨率，纵轴是CPI上涨率（使用IMF 2022年的预测值）。进口产品价格是进口产品的到岸价格，以本国货币计价。日本进口产品中的原油等能源产品以及小麦等谷物产品占有相当大比重。

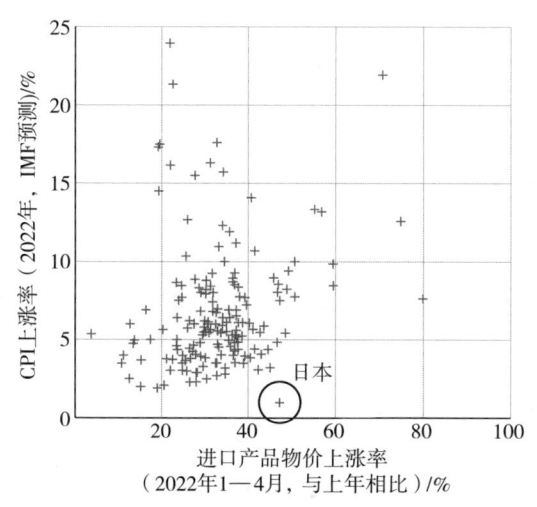

图4-3 进口产品物价上涨率与CPI的对比

从图4-3的散点分布看，大致看来呈现从左下到右上方向排列态势。也就是说，越是进口产品价格上涨率高的国家，国内CPI上涨率就越高。如果要问其中的经济学含义，就是2022年世界各国的通货膨胀并不是由国内因素引发的，某些特定国家的通货膨胀借助贸易渠道点燃了其他国家的通胀之火。

通货膨胀重要的发源地就是英国和美国等发达国家，这些国家由于疫情后遗症出现了人手不足和服务消费向货物消费需求的转变，这一点前文已经详述。另一个发源地是俄罗斯、乌克兰以及周边的欧洲国家，受俄乌冲突和经济制裁影响出现物价飙升。通货膨胀就是从这两个发源地外溢到全球的。

那么，日本在图4-3中处在什么位置呢？接近横轴的圆圈是日本。很容易理解，日本与众多调查对象国聚集的区域存在一定距离，也就是日本偏离了世界大多数国家的常态。

如果要问日本怎么偏离了常态，我们先来看横轴，日本进口产品物价大约上涨了50%，在调查对象国中处在上涨幅度比较高的行列。众所周知，日本是严重依赖进口产品的国家之一，特别是能源和谷物主要依赖进口。在这次通货膨胀过程中，这两类产品价格上涨相当严重。这是日本进口产品价格大幅上涨的原因。

我们再来看纵轴，日本CPI的上涨率几乎为零，前文提及，排在世界各国的最后一位。这意味着什么呢？海外输入的产品价格上涨了，却没有转嫁到日本国内价格上。其实任何一个国家并不是将进口价格的上涨完全转嫁到国内价格上，但与其他国家相比,日本不进行价格转嫁的程度是非常突出的。

稍微改变一下角度的话,日本CPI上涨率几乎为零,处于世界的最后一位,并不是没必要涨价而导致的结果,这是需要提示的一点。

由于进口产品价格上涨,提升国内CPI的理由是很充分的。尽管如此,以进口产品为原材料制造最终产品的企业,以及利用进口能源从事生产的企业却极力克制将进口产品价格上升的负担转嫁到制成品价格上,结果抑制了国内价格上升。

当然并不是这些企业不愿意实施价格转嫁,特别是对于那些大量依赖进口产品的中小企业来说,所生产的产品能否涨价是生死攸关的问题。即便如此,企业还是不得不克制价格转嫁。

那么,为什么日本企业愿意价格转嫁而又不得不克制转嫁呢?为什么海外的企业都这么做而日本企业不能做呢?实际上日本的情况相当复杂,下面围绕这些问题展开分析。

作为"慢性病"的通货紧缩

600种产品价格汇集而成的"渡边图"

物价水平一般用CPI来表示,日本总务省统计局负责此项调查统计工作,每个月末公布统计结果。

日本媒体报道的数字都是"同比上月，本月CPI上涨0%"。只看这个数字，可以验证前面讲过的日本作为世界各国物价上涨率最后一位的事实，但并不能说明为什么日本处于最后一位。要想说明这个原因，需要下一些功夫。

实际上，0%这一数字的背后，隐藏着许多信息。物价水平不是某个单一产品的物价，而是根据普通居民日常生活中所需要的各种不同产品价格计算而来的。具体来说，日本CPI是由600种产品的价格组成的，既包括洗发水等日常消费品，也包括理发等服务产品的价格。对所有600种产品价格进行调查，汇总起来就形成了0%的物价上涨率。

日本的物价是一个神秘的存在，我想大家从世界排名最后一位的事实应该有了一定程度的理解。数年以前我就考虑要采取什么方式来揭示这个神秘之物。当然可以使用大量统计数据进行各种复杂的模型分析，如果那样做的话，复杂的分析结果还要以更加复杂的形式表现出来。我在这方面下了点功夫，用现在流行的话说，就是数据可视化。

我们的具体做法是，分别抓取组成CPI的600种产品的同比价格变动数据，计算每种产品的价格上涨幅度，并制成频率分布图。数据可视化是谁都能想到的事，但还不存在将消费者物价数据制成可视化图形的先例，因此我将这个频率图称为"渡边图"。

价格上涨的产品相当少

图4-4是使用2022年6月的数据描绘的频率图。横轴是不同产品的价格上涨率,正20%的产品就是价格上涨了20%,负20%的就意味着价格下降了20%。纵轴是该产品在600种产品中所占的比重,这个权重不是指某种产品数量所占的比重,而是该产品消费额占总消费支出的比重。越是我们生活中非常重要且需要投入大量金额消费的产品,纵轴方向的柱形就越高。

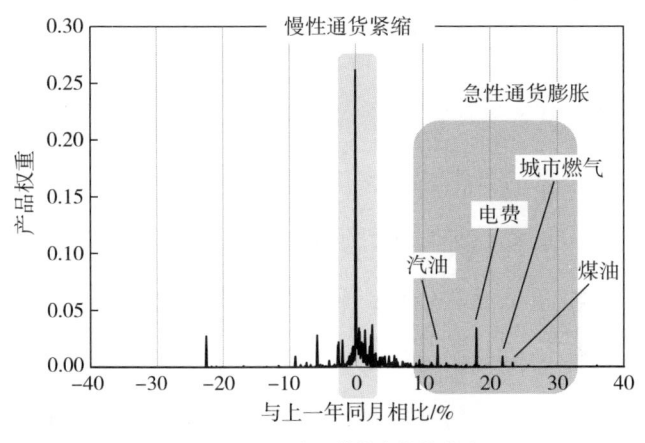

图4-4 不同产品价格变化的分布

看到这个图的第一印象应该是高通货膨胀。汽油等能源相关的产品涨价超过10%,说明这次的通货膨胀是海外通货膨胀跨越国境波及日本。我将其称为"急性通货膨胀"。

这个图的另一个显眼之处是，在0%附近出现的高高耸起的立柱，意味着很多产品的价格处于价格完全不变或变化微乎其微的状态。根据数据计算，我们日常消费的货物及服务的40%左右在这个区域。换言之，约四成的日本企业生产的产品都在使用上一年的价签。我将这一现象称为日本企业的"价格冻结惯例"。这种现象出现于20世纪90年代后半期，并持续至今，已经成为日本经济的慢性病，这里称为"慢性通货紧缩"。

如果使用美国及欧洲的数据制成可视图，急性通货膨胀与日本相同，但没有出现0%附近的高耸立柱，意味着只有日本存在慢性通货紧缩现象。

刚刚讲过的日本通胀率排在世界的最后一位以及没有出现价格转嫁现象，都与慢性通货紧缩密切相关。由于约四成的产品价格几乎没有变化，剩下的六成即使再怎么上涨也很难出现整体物价的明显上涨，导致日本物价上涨率长期处在世界的最后一位。另外，虽然进口产品价格大幅上涨，约四成的产品价格上涨率仍为0%，价格转嫁率也就是0%，因此，所有产品的平均价格转嫁率也相对偏低。日本物价问题的神秘之处就在于，太多产品价格上涨率长期维持在0%左右。

如果日本单纯针对急性通货膨胀施策

从数据来看，日本是同时罹患了急性通货膨胀和慢性通货紧缩两种疾病，尤其与美国相比，更能发现日本通货膨胀问题的复杂性。

美国只有急性通货膨胀这个单一病症，可以专心治疗一种疾病。通货膨胀成为问题时，诊疗方案就是货币紧缩政策。当然，在如何加息、每次加息幅度等方面还存在一些技术上的难题，还有就是如何说服抵制加息的社会集团等政治上的屏障。但至少从原理上说是简单的，减少货币供应量，提高利率水平，就是最佳治疗方案。

现在美国已经按照这种方案实施治疗。金融的世界是全球性的，各国中央银行采取的货币政策在很多情况下都遵循相同的紧缩或宽松基调。但是2022年美国实施紧缩性货币政策之时，日本继续维持宽松性货币政策，货币政策方向正好与美国相反。结果在外汇市场上出现了包括日元过度贬值在内的一系列问题。基于这些问题，最近常常有人主张日本也应该与美国一样转向紧缩性货币政策，这种说法可以说不是没有道理的。

但是，如果日本也和美国一样开始采取紧缩性货币政策，的确可以期待对急性通货膨胀产生很好的治疗效果。但同时，伴随货币紧缩的是生产和就业的恶化，消费者此时可能会进一步增强生活防卫意识，对价格比以往更加敏感。企业意识到价格上涨会增加客户流失风险，即使原材料出现涨价也要维持价格不变，此时冻结价格的观念应该会更加强烈。结果就会有更多产品聚集在图4-4的0%附近，立柱不断拔高。

这就意味着，货币紧缩政策可以治愈急性通货膨胀的症状，但同时会使困扰日本经济多年的慢性通货紧缩进一步恶化。

这不是"国民性"问题

在一些学术报告会的场合，我只要一说到日本众多产品价格保持不变这个话题，总是有人说"日本原来就是这样的啊"！日本企业坚持客户就是上帝，即使进货成本有一定上升也要自己承受损失，这就是日本的国民性。但是从数据来看，这个说法并不准确。

图4-5（a）显示了日本的货物价格、服务价格及工资变化的轨迹。为便于比较，图4-5（b）显示了美国的3条曲线走势。图4-5的起始时间是1973年，这是浮动汇率制度开始的年份。固定汇率制度和浮动汇率制度下的价格决定存在很大差异，这里专门关注浮动汇率制度下的价格与工资变动趋势。

（a）日本的货物价格、服务价格
以及工资变化

（b）美国的货物价格、服务价格
以及工资变化

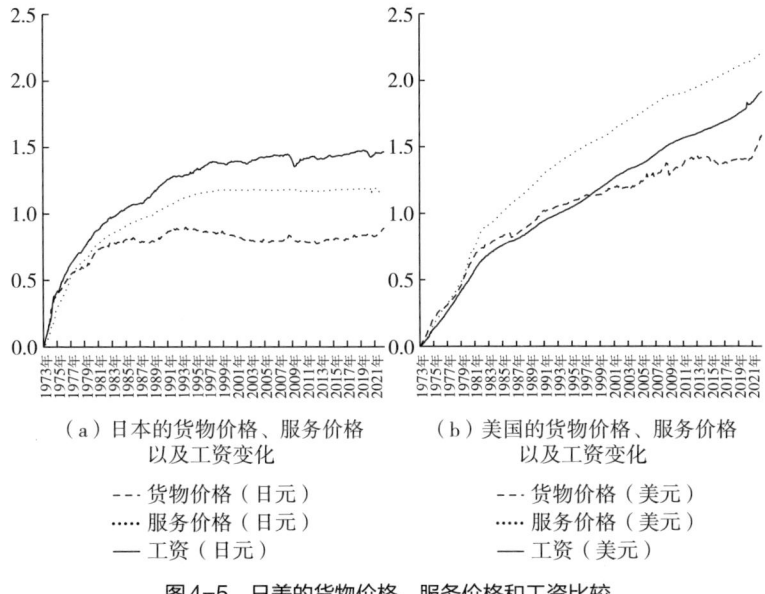

--- 货物价格（日元）
…… 服务价格（日元）
—— 工资（日元）

--- 货物价格（美元）
…… 服务价格（美元）
—— 工资（美元）

图4-5　日美的货物价格、服务价格和工资比较

从图4-5中可以看出，1973年到1995年前后，日本的货物价格、服务价格以及工资均呈现了稳步上涨态势，上涨幅度与美国相比也并没有太大差异。就是说，日本在这个阶段价格（包括工资）都是稳步提高的。

运用20世纪70年代和80年代的数据绘制"渡边图"的话，在0%附近没有高耸的立柱，立柱出现在2%~3%，与欧美国家数据制作的图形没有什么差异。这个现象可以证实，所谓过去就是这样的国民性解释是站不住脚的。

20世纪90年代后半期以来，货物价格、服务价格以及工资出现了完全不同于以往的动向，就像用尺子画出的水平线一样，几乎完全停止了上涨。这就是慢性通货紧缩疾病。

如果与美国比较，日本的特殊性更加显著。美国在1995年以后继续维持之前的上涨态势。运用美国以外国家的数据制图，也没有哪个国家出现日本这样的神奇景象。

冻僵的价格和工资

那么日本为什么会出现这种状况呢？详细的分析将在下一节展开，这里只想说说出现这种现象的时间节点，推断这一现象与20世纪90年代后半期日本金融危机之间的关系。

我想很多人都还记得，1997年是山一证券破产为导火索，日本大型金融机构相继陷入经营困境的一年。消费者担心金融危机爆发引发失业而开始省吃俭用。在这个过程中，消费者当然会对价格更加敏感，企业是想都不敢想要提高自己的产品价格，所有经营者采取保守策略并冻结了工资。基于这个考虑，当时背景下价格和工资突然停止上涨是很自然的。

难以理解的是之后的现象。进入21世纪，日本的金融机构经营走上正轨，经济也进入了景气通道，但价格和工资依然低位徘徊，还像冻僵了似的一动不动，这种状态持续至今。

货物价格、服务价格和工资停止上涨，几乎是同时发生的，这并不是偶然。对于消费者来说，如果工资冻结而价格上涨的话，日常生活就难以为继；对于企业来说，如果工资上涨而产品价格维持不变的话，企业经营也会陷入困境，故价格冻结而工资不冻结的话也是行不通的。

于是，价格和工资同时冻结，被认为是两者之间的"均衡妥协点"。现实就是，消费者希望提高工资，企业也愿意自己的产品涨价，但是，如果谁都难以如愿的话，双方都保持不变可以说也是一个不错的理想状态。正因为如此，才使工资和物价冻结状态持续至今。

通货紧缩为何在日本如此根深蒂固

经常去的商店涨价了怎么办

那么，日本存在怎样的机制使价格与工资冻结成为可能呢？当出现"急性通货膨胀"这一全新事态时，日本有了哪些解冻迹象？就这些问题，我们运用问卷调查数据进行分析。

价格冻结的根本原因是消费者"预期通货膨胀率过低"。人们认为未来物价不会上涨，这一心理预期导致通货紧缩成为"慢性病"。下面以经常去的商店价格上涨时消费者的反应为例进行分析。

首先看看在美国经常去的商店价格上涨2%~3%时，消费者如何反应。美国消费者本来就认为每年物价都应该上涨2%~3%，当这个商店涨价时就会想到其他的商店也会涨价，或者涨价幅度更大，所以不会考虑特意到别的商店看看是否涨价，而是接受价格上涨，继续在原来的商店购物消费。

长期生活在物价没有变化的日本消费者是如何反应的呢？对于日本人来说，产品价格不上涨已经成为常态，是理所当然的。根据这一常识，如果发现经常购物的商店出现涨价，人们通常会认为这家店的涨价一定是由某种特殊因素造成的，没有特殊原因的其他商店也许不会涨价。由于预期其他商店会便宜一些，自然不会在原来的商店购买涨价的商品，都会转身去其他商店购买。

不涨价国家生活着不容忍涨价的人们

这个观点是对我的同事青木浩介教授所提出的假说的简化，我称之为"青木假说"。为了验证这个假说，我的团队以英国、美国、德国、加拿大和日本5个国家的2万名消费者为对象，在2021年8月进行了问卷调查，调查结果支持青木教授的假说。

图4-6和图4-7是2021年8月进行的问卷调查结果。

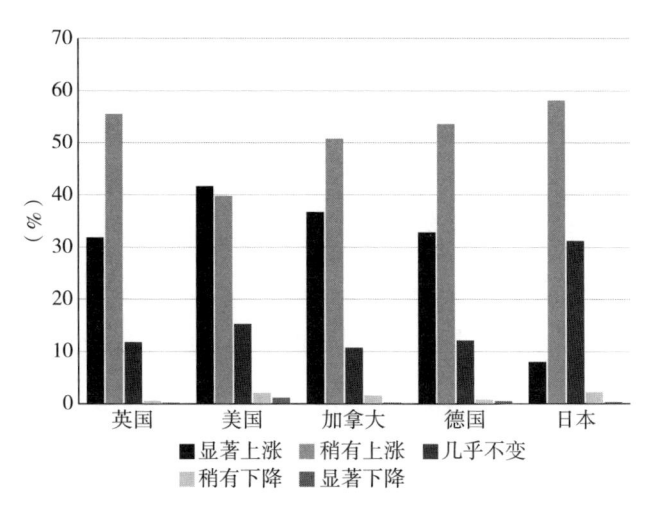

图4-6 你认为今后一年物价会怎样变化？（2021年8月）

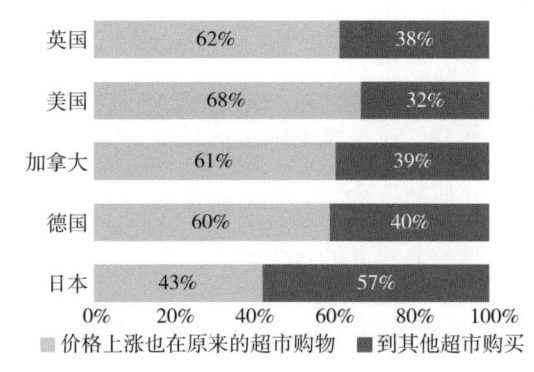

图4-7 到经常购物的超市购买商品时，发现价格上涨了10%，你怎么办？（2021年8月）

在这个问卷中，第一个问题是："你认为今后一年物价会怎样变化？"从调查结果看，日本以外的4个国家，回答"显著上涨"的人占30%~40%，而日本远远低于其他国家，不足

第4章 "两种病痛"的折磨——慢性通货紧缩+急性通货膨胀 153

10%，而回答"几乎不变"的比例在日本最多（55%）。也就是说，日本消费者预期未来的价格不会发生变化，这就是所说的日本通货膨胀预期过低问题。

问卷接下来提出的问题是："到经常购物的超市购买商品时，发现价格上涨了10%，你怎么办？"接近六成的日本消费者回答"到其他超市购买"，而日本以外的其他国家消费者，回答"价格上涨也在原来的超市购物"的占绝大多数。

根据青木教授的假说，生活在高通货膨胀预期国家的消费者，看到经常购物的商店自己经常购买的商品价格上涨时，也会像往常一样继续购买，因为他们知道"即使到其他商店同一商品也会涨价"，美国及欧洲的消费者就是这样对待物价上涨的。而长期生活在低通胀预期国家的日本消费者，在这种情况下就会逃离到其他商店购物，相信其他商店还会以原来的价格销售。这正是日本消费者的行为模式。

"讨厌涨价"和"价格冻结惯例"

我给日本消费者贴上了"讨厌涨价"的标签。这里不是字面所理解的好恶问题，而是像前面所说的，看到这个店涨价就会到其他店购物。对于美国和欧洲的消费者而言，绝不意味着他们喜欢涨价，谁都不喜欢商品涨价，但是他们并不会逃离涨价的商店，而是不得不接受高价继续在该店购物，这与日本消费者相比存在很大差异。

日本消费者讨厌涨价并不是因为本来就有这样的国民性，而是偏低的通货膨胀预期，如果要问为什么日本通胀预期如此之低，是由于日本长期以来的物价上涨率一直处在0%左右。

日本人发现，很多商品今天的价签与昨天的完全相同，据此就可以推断，明天的价签还应该与今天一样。前文提及，日本的价格冻结开始于20世纪90年代后半期金融危机爆发之时。在那个特殊时期，价格冻结是可以理解的。而在那之后，一直重复着今天的价签与昨天的相同，不涨价意识也就在人们头脑中留下了深刻印记。

不仅是日本的消费者讨厌涨价，日本企业（生产企业和流通业者）的行为也发生了很大的变化。一旦价格上涨，消费者就会逃到其他商店，日本企业熟知这一点，因此，即使出现原材料价格上涨，企业也不愿意提高产品价格。最终形成了"渡边图"上汇集在0%附近耸立的异常凸起立柱，也就是企业的"价格冻结惯例"。

植根于日本的社会"范式"

消费者"讨厌涨价"与企业"价格冻结惯例"同时存在，

对于生活在日本的人们来说已经习以为常，并认为是理所当然的。这种社会的理所当然在经济学上称为"社会范式"（social norm）。换句话说，范式是指社会人所共有的一种"行情观"，用现在的话来说，就是"默认"（default，计算机等的各种设置的出始状态），这样也许更好理解。本书将理所当然地认为物价和工资就应该冻结的现象称为日本"工资物价范式"。

不同国家有着不同的范式。日本社会认为物价和工资的冻结是理所当然的，这在美国却完全行不通；日本赤诚乳业面向儿童的传统优势冰激凌品牌"咯吱咯吱君"涨价事件，使我深刻意识到了这一点。

2016年咯吱咯吱君这一款冰激凌涨价时，电视广告中播出了当时社长向顾客道歉的镜头。该视频在网络上浏览量超过200万次，很受消费者欢迎。据说由于这个插曲，该冰激凌品牌在涨价后销售额没有出现明显下降。但是这一连串的事件，在美国社会出现了完全不同的解读。

《纽约时报》用一个整版篇幅刊登了这个道歉事件。冰激凌原材料价格上升引发产品涨价，社长必须就此向顾客道歉，这被揶揄为日本社会的扭曲。的确，在美国若将原材料价格上升负担转嫁到产品价格上是非常自然的，如果不转嫁的话反而会追究管理者的职责。

长期生活在日本的人，认为理所当然的事情，往往也会以为世界上的其他地方也是如此，我自身同样。但是从全球范围看，日本所形成的工资物价范式是非常另类的，通货膨胀排在全球的最后一位就是典型象征。我们有必要自觉地意识到这一点。

变化的迹象和两个场景

失败的范式改革

首先意识到日本范式存在问题并试图进行改革的政要，我想就是安倍晋三首相，当然我并没有向安倍本人直接确认过。安倍上任之后推出了金融、财政和经济结构一揽子改革计划，可以明显视为试图改变日本国民的思维范式（mind set）。

一揽子计划的核心就是，日本银行出台划时代的量化宽松货币政策。换句话说，就是发出强烈信号不仅现在而且将来也会持续增加货币供应量。划时代的货币宽松政策，的确如政策所愿带来了日元大幅度贬值，但是当政策效果波及物价上涨时，日本国民开始怨声载道，这是由于价格上涨了而工资没有提高。时任官房长官的菅义伟考虑国民怨言发表了讲话，强调继续日元贬值不符合日本的经济利益，不久日本银行也做出了相同表态。2015年6月，日元停止贬值，再次转向升值。

现在回过头来看，在日本物价工资范式中，物价不变这一习以为常的范式被划时代的货币宽松打破了，工资不涨这一范式却在顽固持续而没有改变。如前所述，消费者可以忍受价格不变状态下的工资冻结，企业也可以承受不提高工资条件下的价格冻结，日本的工资物价范式就是建立在这种绝妙均衡基础上的。如果其中的物价冻结轰然倒塌，而工资冻结却屹立不倒，必然会遭到消费者的强烈抵制，结果范式改革以失败而告终。

当海外通货膨胀在2021年波及日本时，日本的工资物价范式再次露出了破绽，并迎来了新局面。首先是消费者的通胀预期提高了，并开始修正讨厌涨价的心理感受，企业的价格冻结惯例也有了改变。下面运用数据说明到底出现了哪些新情况。

令人吃惊的调查结果

前文介绍了2021年8月的问卷调查结果，这是我所在的研究室每年开展的例行通货膨胀预期调查。2022年5月黄金周休假之前，我们准备好了面向5国消费者的问卷，并上传网络，计划利用连休假期回收问卷。先行收集了美国及欧洲消费者的问卷，连休结束前也收集了日本近60%的问卷，并试着进行了阶段性统计工作。

美国及欧洲的调查结果正像所预计的那样，通胀预期受当时高通胀的影响非常大。最令人吃惊的是日本的数字，出现了完全不同于2021年8月的调查结果。实际上，在表示低通胀预期和厌恶涨价程度上，长期以来日本的问卷结果基本相同，不管是2021年，或者之前一年，甚至再前一年。因此，我预想2022年一定也会出现与之前相同的数字，但是当看到结果时，却发现完全变了样。

最初我还怀疑是否与收集问卷的顺序有关，也许是回收问卷不足才出现了结果偏差，但当看到全部的调查问卷数据时，确认结果与以往的调查确实出现了明显不同。

图4-8展示的是实际调查结果。日本消费者回答通货膨胀预期"显著上涨"的比例有了很大增长，同时，2021年8月问卷调查中回答占比最高的"几乎不变"比例显著下降。欧美消费者的通货膨胀预期比以前更高。与欧美国家的消费者相比，日本消费者的通胀预期提升非常快，几乎与欧美国家的消费者相当。

图4-9是有关讨厌涨价心态的调查数据。问卷内容与以前相同，还是："到经常购物的超市购买商品时，发现价格上

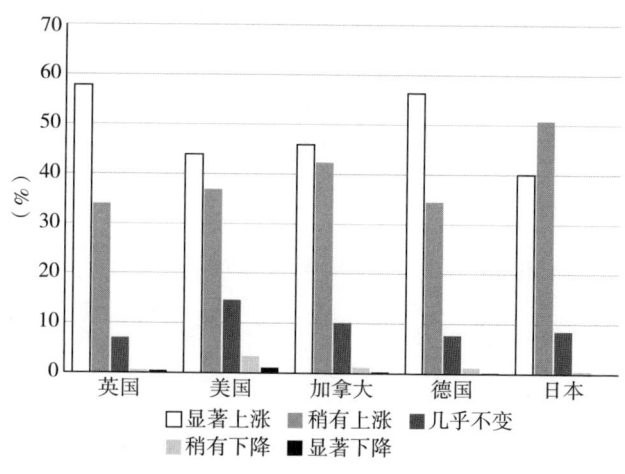

图 4-8　你认为今后一年物价会怎样变化？（2022年5月）

涨了10%，你怎么办？"2021年的调研中，57%的日本消费者回答"到其他超市购买"（图4-7），2022年的回答占比降为44%，回答"价格上涨也在原来的超市购物"的占比为56%，超过了半数（图4-9）。这已经与欧美国家消费者的选择没有什么差异。说明9个月的时间，日本消费者讨厌涨价的心态已经发生了很大变化。

将讨厌涨价问卷与预期通货膨胀问卷结合起来看的话，就是日本的预期通胀率上升了，面对经常购物商店出现商品涨价时，消费者会认为"即使到其他商店，同一商品也会涨价"，这意味着，虽然并不愿意购买高价商品，也不得不继续消费，消费者的行为出现了变化。

国家	价格上涨也在原来的超市购物	到其他超市购买
英国	54%	46%
美国	64%	36%
加拿大	54%	46%
德国	52%	48%
日本	56%	44%

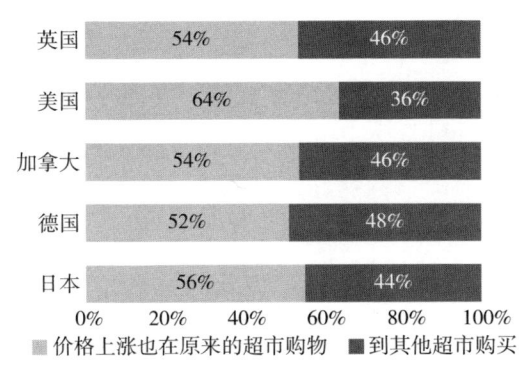

图4-9 到经常购物的超市购买商品时，发现价格上涨了10%，你怎么办？
（2022年5月）

日本消费者的通胀预期为什么会提升

其他调查结果也证实了日本消费者对通货膨胀预期的变化。

日本内阁府每月对约8 400个家庭实施"消费动向调查"，其中也有一个选项，就是未来一年预期通货膨胀率走势。从调查结果看，2020年秋季开始提升通胀预期上升现象，到现在已经增加4个百分点。同期实际通货膨胀率上涨3.5%，显示预期通胀率的上涨速度超过了实际通货膨胀水平。

之所以出现这种现象，就是大概很多人看到实际通货膨胀率上涨后预期未来的通胀率还会持续上升。实际上从过去的数据看，普遍存在这一倾向。但这次调查中出现的通胀预期超过实际通胀率的上涨幅度，在日本是史无前例的。

通货膨胀预期为何出现了如此快速的上升？可以考虑以下因素。一是这次的涨价集中在汽油等能源相关产品以及食品类，这是消费者生活不可或缺的，也是频繁购买经常接触价格标签的商品。消费者厅还调查了日本消费者预测未来物价趋势时主要关注的产品种类，显示主要是能源及食品价格的变动。这也许是20世纪70年代石油危机留下的心理阴影，能源价格一旦出现变动，人们就会认为，将"坐实通货膨胀"。

另外一个因素是，欧美国家出现的高通货膨胀影响。日本媒体轮番报道欧美国家正在发生严重的通货膨胀，不论欧美国家是因疫情暴发还是俄乌冲突引发了通货膨胀，这些背景同样对日本也都产生影响。因此，经常接触这些报道的日本人就会想象日本也会出现美欧国家那样的通货膨胀。

需要强调的是，在2022年（撰写本书的时点上），日本通货膨胀依然排在主要国家的最后一位，与其他国家存在很大差异。尽管如此，日本人却感到要"坐实通货膨胀"，这是值得深思的现象。

病毒给日本带来的"机遇"

当日本消费者的通货膨胀预期提升、讨厌涨价的心态发生变化时，日本的企业也在考虑改变行动。在此之前企业之所以不涨价，是担心涨价会流失客户，现在不用那么担心客户流失，可能会改变冻结价格的惯例。

实际上，根据2022年6月绘制的"渡边图"，我们发现，物价位于0%附近的产品约为36%，与之前超过40%接近50%的水平相比，变化是很大的。但是若与不存在过度密集的欧美国家相比，虽然有了一些改善，还是有一个比较显著的立柱。受消费者态度转变的影响，可以说企业对涨价行为的做法也有了转变。2022年6月赤诚乳业的"咯吱咯吱君"冰激凌发布了涨价信息，这次社长没有道歉。被海外媒体嘲讽的日本，终于要接近一个正常国家了！

归纳起来说，构成日本范式的消费者过低通货膨胀预期、讨厌涨价的心理以及企业冻结价格的惯例，都出现了一些改变迹象。在我看来，安倍内阁努力尝试但没有产生效果的情景正在慢慢实现，虽然还只是一点点变化。

扭曲的日本范式是经济问题，本来可以通过经济政策加以解决，如果这样就好了。但是正像前文所述，遗憾的是，这种尝试没有实现预期的政策效果。这一次真正导致范式改变的背景却是新冠疫情暴发，疫情成为日本范式改变的动力源。人类政策完成不了的事情让病毒解决，不知这是好事还是坏事，反正有一种非常复杂的心理。不管怎么说，我的想法是无论它是病毒还是什么，我们应该充分利用疫情给我们带来的这次机会。

"日本是世界上最有名的地震多发国，过去已经遭遇了多次重大地震，每一次都带来了社会重组"，这是我的共同研究者、地震学和经济学双料科学家狄迪尔·索耐特（Didier Sornette）在苏黎世联邦理工大学校园附近的小餐馆向我说出的假说。日本人为什么选择将国家建在这么不稳定的地面上呢？面对我这一简朴的提问，他做出了上面的答复。所谓"社会重组"，是指构成社会的各种既得利益和社会上所有的"理所当然"被打破后的状况。他想说的是，由于地震这一外生力量，使日本社会可以定期实现重组，这也成为日本社会前进的动力源泉。相反，他继续说道，他的母国法国没有那么多的自然灾害，不能依赖外生力量，因此，作为人为机制（或内生性机制），需要大革命那样的社会性大变革事件。对于他的说法我不是完全同意，但日本社会不能完全依靠内生力量打破物价工资相关的"理所当然"，也许依赖病毒这一外生力量实现重组也不是偶然的。

九成劳动者认为工资没有提高

那么，日本的工资物价范式问题能够一下子得到解决吗？似乎并非如此简单，前面还有一座必须攀越的高山！

前面说过，日本范式事关物价和工资两个方面，对消费者来说，以物价不涨为前提可以忍受不涨工资，企业以不提高工资为条件可以承受产品不涨价，这种平衡是持续维持范式的根基。现在物价方面出现的问题是，以通货膨胀预期提高为出发点，消费者不得不接受价格上涨的事实，同时，企业也开始将原材料成本上升部分转嫁到制成品价格上。

虽然说消费者不得不接受价格上涨，但若不改变工资冻结，这种状况是难以持续的。从根本上解决范式的对策，就是必须放弃"价格工资都不变"的惯例，转向"价格工资都上涨"的范式。

从问卷数据看，提升工资的前路还很漫长。图4-10是2022年5月对英国、美国、加拿大、德国和日本劳动者进行的预期工资变化问卷调查结果。

除日本以外的4个国家中，回答"上涨"和"稍微上涨"的人数合计超过40%，由于欧美国家不仅出现了价格上涨，还因人手不足而提高了工资，很多人都预期这一趋势还会持续下去。

而在日本，回答"上涨"和"稍微上涨"的人数占比只有10%，与欧美国家相比有很大差异。取而代之回答最多的是"不变"，占比达65%。这意味着虽然经历了新冠病毒大流

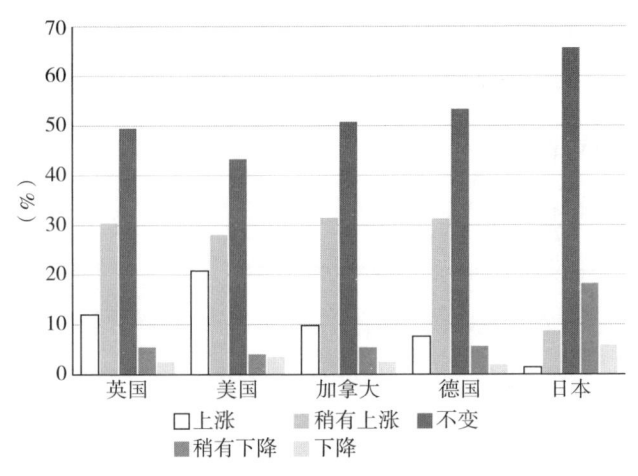

图4-10 你认为一年后你的工资会有什么变化？（2022年5月）

行，日本范式中的"冻结工资"部分依旧没有改变的迹象，回答"稍微下降"和"下降"的人数占比反而超过了20%。这显示日本的工资状况与欧美国家相比处于极其严峻的状态。

岔道口之一——滞胀到来

基于前面的分析，现在考虑日本范式的未来走势。若将结论提前的话，就是日本正处在一个岔道口，前方有两条路：一条是继续维持现有范式，出现滞胀局面；另一条是转向与欧美国家相同的范式，回归正常国家。

首先，考虑日本物价开始上涨而工资不发生改变的假定条件下会出现什么状况。物价上升而工资不变的话，就是降低实际工资。劳动者的实际收入下降会降低购买力,唯有节约才能维持生存。人们的消费下降,消费减少会降低GDP增长。

没有人单纯期望通货膨胀,更大的灾难是物价上涨同时经济恶化。景气恶化被称为停滞,它与通货膨胀同时出现时称为滞胀。在正常状况下,经济景气恶化时价格下降,景气好转时物价上升。景气恶化和物价上涨两个最坏状态同时出现时就是滞胀。日本就有陷入这种状况的可能性。

欧美国家也存在滞胀风险。欧美国家的通货膨胀比日本要高得多,虽然从表面上看欧美国家劳动者的名义工资有提高,但是工资的增速依然赶不上物价的上涨速度,因此实际工资也在下降。与实际工资下降同时出现的是美联储加息,导致实际消费已经萎缩。如果实际工资下降和货币紧缩持续下去,消费低迷状况更加严峻,很有可能陷入滞胀。

尽管如此,欧美在提升工资上涨这点上比日本要好得多。特别是欧洲,工人要求提高工资的愿望特别强烈,很多国家出现了大罢工,今后可能会提高工资增速。这样的话,也许可以避免欧洲消费的大幅降低。

与欧美国家相同,如果日本陷入比欧美国家更加严重的滞胀,未来将出现什么状况?与过去危机时一样,日本消费者会更加热衷于低价购买,醉心于选择哪怕便宜一丁点儿,质量也略微下降的特价店购买商品。

这样，日本消费者"讨厌涨价"的情绪还会升级，企业也就难于涨价，即使原材料成本上升，也不能将负担转嫁给消费者，企业还会回到价格冻结的老路上。这样一来，企业就丧失了提升工资的实力，工资冻结比现在还要彻底，或许还可能出现降低工资的现象。

归纳起来说，日本范式是建立在工资和物价同时冻结的绝妙均衡基础上的。日本消费者勉强维持不涨工资是由于价格没有变化，企业设法忍受不涨价是由于工资没有提高。但是出现滞胀场景意味着彻底打破这一均衡。

如果日本是加拉帕戈斯那样的孤岛，或许可以长期维持这种均衡，但是日本不是孤岛，海外的通胀洪水已经流入，正在破坏着这一均衡。

工资物价维持不变的范式本身，就是缺乏活力的，我绝没有对此持肯定态度，然而现在更加棘手的是，连这个"不变范式"未来也难以维持！

岔道口之二——治愈通货紧缩慢性病

现在回顾一下2022年春季欧美国家通货膨胀洪水流入日本之后，日本范式出现了哪些变化。我们已经分析了滞胀情景，如果用疾病来形容的话，就是说最新罹患了急性通货膨胀的病，导致已有的通货紧缩慢性病更加严重。常常听说新病导致原有疾病更加严重的情景，实际上，身边的很多人都有这样的体会。

而我认为，这次日本出现的急性通货膨胀，也许带来的不一定都是负面影响，是否会治愈通货紧缩这个慢性病呢？以毒攻毒就是这个道理。我们仔细分析后发现，的确有这种可能性。

慢性通货紧缩的根本原因是预期通货膨胀率低下，由此带来消费者讨厌涨价的心理，企业不得不保证产品维持原价。而现在不管怎么说，日本消费者预期通胀率提升了，这是一件大事。正是由于急性通货膨胀流入日本，日本消费者才提升了通胀率预期吗？如果真是这样的话，自然就可以缓解消费者的厌恶涨价心理，企业也会改变不涨价的惯例。这就是我们所设计的场景。

不过，在当初时点上我们只是猜测是否有可能沿着这个方向发展，甚至以为这纯属纸上谈兵。为此，我尽量控制观点传播，只将这个想法分享给大学、同事等很小一部分人，但是2022年5月连休期间进行的5国消费者调查显示，这个场景并非空想。

现实正沿着我所设计的情景路径发展，预期通货膨胀水平已经提高，消费者讨厌涨价的心态也开始改善，日本消费者已经变得与欧美消费者没有太大的差异。那么，下面该轮到企业的行动。企业能否自信地将成本负担转嫁到产品价格上，这是能否结束不涨价惯例的首要障碍。

对于这个问题，正像我所预计的那样，已经出现了改变的迹象。另外的一个障碍是企业能否积极主动地提升工资。对于这个问题，企业不仅目前动作迟缓，关于未来工资提升的预期也非常悲观，与欧美国家相比还存在很大差距。这是唯一与我设计的场景相背离的地方。

难道就因为冻结工资这一难以逾越的门槛而放弃吗？还是想方设法解决这一问题，改变日本范式，从长期的通货紧缩慢性病中摆脱出来？今后日本社会走向何方，现在还无法判断，毫无疑问的是，我们正面临着几十年不遇的重大选择。

专栏4-1 "廉价日本"现象

每天讨价还价的国家——日本

在连锁餐饮店"大户屋米饭套餐"，最具人气的"妈妈煮鸡肉套餐"售价在日本为890日元（税后）。大户屋在日本以外的国家也设立连锁店，美国纽约同一品种的套餐售价为24美元（相当于3 000多日元）。由于我并没有在纽约的这个店吃过，不能判断是否使用完全相同的食材，仅从网上的图片看是完全相同的。同一店家做出的同一菜品，价格存在如此大的差异。

日本价格低廉的现象不仅出现在大户屋这样的连锁店，迪士尼乐园的门票在东京为7 900~9 400日元，在美国佛罗里达约为1.9万日元，在巴黎约为1.5万日元（2022年的价格）。2021年3月中藤玲的《廉价日本——"价格"显示的停滞》一书中，告诉我们这种现象已经出现在日常消费的方方面面。

正像本章所说明的那样，"廉价日本"现象就是价格和工资像冻僵了似的一动不动，这与日本的工资物价范式有关，居住在日本的国民都认为这是理所当然的事情。

正像图4-5所显示的那样，从20世纪90年代末期开始，日本的货物价格、服务价格以及工资改变了过去的上升态势，呈现近似水平的曲线。而美国及其他国家（该图没有列出）还在延续过去的右上方倾斜趋势。水平线与右上方曲线持续延伸，两条线的距离越来越远，随着时间的推移，二者的价格差距已经非常之大，这就是"廉价日本"现象。

我和周围的人就生活在一个价格和工资冻结的社会，对我们来说已经习以为常。因此在日复一日的生活中，并没有意识到有什么大的问题。但是不同的社会有不同的"习以为常"，美国的"习以为常"就是价格缓慢上升。当然仅仅是说起来有涨价倾向，日常生活中也不可能总是意识到这点。

但是，"妈妈煮鸡肉套餐"的国内外价格比较，与我们的日常生活非常接近，如果站在高一点的角度看，可以明显感到日本的"习以为常"与海外存在很大差异。中腾先生的最大贡献就是告诉了我们这一点。

日本的物价为何便宜

日本的物价为何便宜呢？前面已经用近似水平线和右上方倾斜曲线做了说明，这不是一个传闻，有必要深入分析其原因。

怎么说呢？假如美国物价上升日本物价不变的话，自然就会引起日元升值。若能用日元升值抵消日美之间的价格差，也就不会出现日美之间如此巨大的价格差。如果不弄清日本为什么不能这样做的话，我们就找不到准确答案。

要思考这个问题，需要一些知识铺垫。经济学教科书上指出，汇率反映的是日美之间货物价格的差异，这里限定在货物价格的差异，货物之外的产品如服务价格差异与汇率变动没有关系。正像本章所分析的，原则上服务是不能贸易的，因此即使存在服务的价格差异也影响不到汇率变动。工资也同样，工资的国内外差距扩大不会影响汇率变动。

日本货物价格与美国货物价格之比，被称为购买力平价，就是两国货物价格差决定应该有的汇率水平，也被称为理论上的均衡汇率。说是"理论上的均衡汇率"，意味着现实中的市场汇率一般都会偏离这一水平。根据迄今为止的研究发现，从更长远的角度来看，市场汇率水平有向购买力平价所决定的均衡汇率收敛的趋势。

图4-11显示了日元兑美元均衡汇率与市场汇率变动情况。从趋势看，均衡汇率与市场汇率方向是一致的，但两条线并不是每个月都紧紧绞合在一起。在多个偏离的年份中值得注意的是2012年以后。市场汇率从2012年中期开始转向日元贬值，均衡汇率稍有滞后也转向贬值，但与市场汇率相比均衡汇率贬值幅度非常小，二者的差距再次扩大。这意味着日元兑美元市场汇率与均衡汇率相比出现了更大

的贬值（显示日本货物价格下降）。

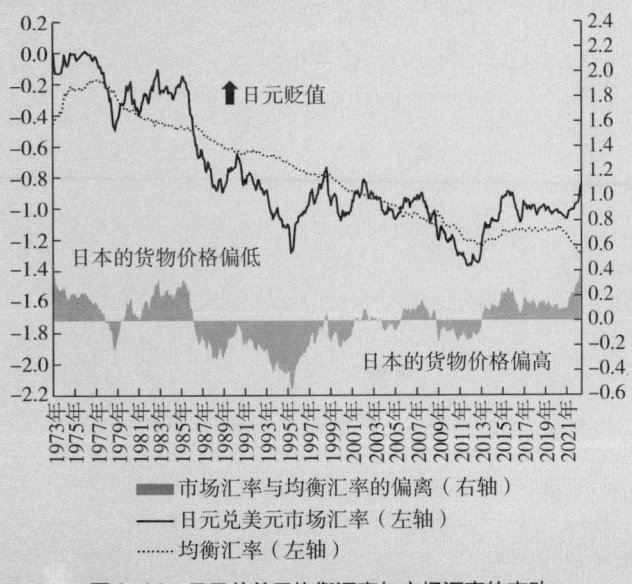

图4-11　日元兑美元均衡汇率与市场汇率的变动

为什么会出现日元过度贬值呢？2013年为了摆脱通货紧缩，日本中央银行启动量化宽松货币政策。根据日本银行和政府的预期，就是通过划时代的宽松货币政策推动日元贬值，并以此为契机推升日本的货物价格。宽松货币政策如期带来了日元贬值（日元从1美元兑换78日元贬值到123日元），货物价格虽有了一点提升，但远没有达到所期望的幅度。结果是这些政策不仅没能实现日本长期以来的价格解冻，反而使货物价格更加低廉。

日本的工资水平为何偏低

"廉价日本"成为社交媒体上的热议话题,人们不仅关注货物与服务的价格冻结现象,更关心工资偏低问题。接下来,我们分析日本工资偏低的状况以及产生这种状况的原因。

图4-12显示了日美之间的工资差距。因统计上的原因,很难比较两国工资的绝对值,这里以2000年1月为起点比较了20多年的日美工资比(不管2000年1月时点两国之间是否存在工资差距,这里都忽略不计,只关注2000年以后两国的工资差距)。纵轴表示2000年以来的日美工资比变化程度。

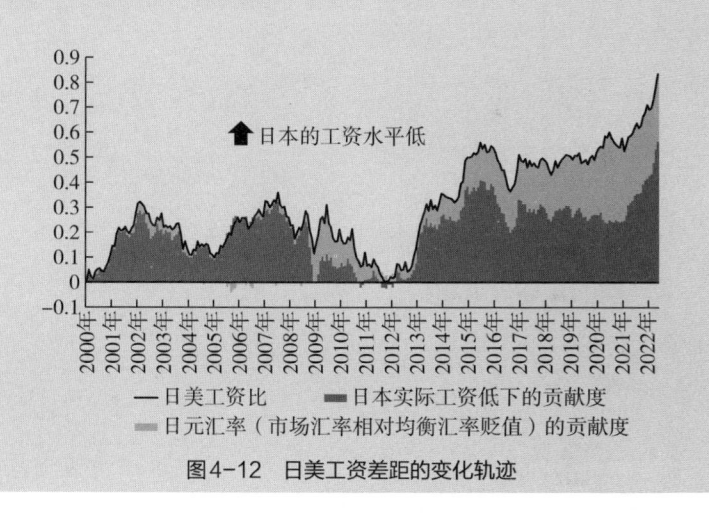

图4-12 日美工资差距的变化轨迹

从图4-12中可以看出，2000年以来日本拉开了与美国的工资差距，特别显著的是2012年以后。要弄清这一时期两国工资差距扩大的原因，可以从两个方面进行分解。一方面是前文提及的，市场汇率相对于均衡汇率的更大贬值所带来的，也就是汇率一时偏离购买力平价所决定的均衡水平，使日美两国的工资差距扩大。

另一方面是，日美实际工资（货物价格除以工资）变动的影响。假定市场汇率与购买力平价决定的均衡汇率完全一致，不管是用日元标价还是用美元标价，两国的货物价格都是相同的，因此也就不会出现汇率引发的工资差距扩大问题。即使这样，日本工资与货物价格之比的变化，以及美国工资与货物价格之比的变化，都会影响日美之间的工资差距。

从分解的结果看，第一，样本期内日本和美国工资差距扩大的一半贡献，来源于美国实际工资的趋势性上升和日本实际工资低位徘徊（图4-12中的浅色部分）。第二，日美工资差距扩大中的另一半贡献是，现实汇率偏离购买力平价的过度贬值（图4-12中的深色部分）。

特别明显的也是在2012年之后，日元的过度贬值带来日美之间工资差距的进一步扩大，也与第3章分析的

2021年以来欧美国家高通胀，尤其是货物价格快速上升密切相关。根据购买力平价理论，高通货膨胀的美国货币应该贬值，这个时期日元应该处于升值阶段。尽管如此，日本政府的政策推动了日元兑美元的汇率偏离了均衡汇率，表现为日元贬值。两个完全相反的汇率变动，带来日美两国工资差距进一步拉大。

"廉价日本"有什么不好

从新闻、电视报道以及社交媒体舆情看，比较普遍的观点是将"廉价日本"现象视为一种窘境。当真是这样吗？

作为窘境的实例，经常提到的是澳大利亚等国的企业或投资者大量购买北海道西部的宾馆以及公寓等设施，京都中心地带的不动产被外国投资者收购，等等，这些都是媒体报道所提到的情况。

自然资源雄厚的北海道西部地区以及京都传统建筑物周边的建筑物被外国企业收购，对日本人来说是有点不好接受，我也有这种感觉。媒体报道这些事例的内在动机我想也在于此。

但是，我认为这些报道不应该就此为止，"廉价日本"

带来的大量购买现象，对日本经济来说或许会产生正面效果。

外国人大量购买都是由于北海道西部土地、京都的楼盘价格以及日本劳动力工资偏低，尤其与外国相同标的的价格和相同条件的劳动者工资相比更加低廉。作为经济学基本原理之一的一价定律，如果一种产品与同等产品价格相比便宜的话，必然会增加对这种产品的购买，该产品购买量就会增加，最终使该产品的价格提升，以消除国内外价格差。实际上，北海道和京都的房地产价格已经提高，在北海道西部宾馆建设工地以及开始营业的宾馆工作人员的工资也已经有了大幅提升。

本章前面分析了价格和工资同时冻结的现象，如果长期维持这一趋势，会降低整个社会的活力，应该积极探索解决方案。解决路径是多方面的，"廉价日本"引发大量购买，据此提升日本的价格和工资，我认为也未尝不是解决问题的重要一步。

第5章

世界各国如何抗击此次通货膨胀

欧美中央银行面临的矛盾和局限

黑箱中的"供给冲击通货膨胀"

2022年以来，以欧美各国为首的世界主要国家都没能有效遏制这一轮通货膨胀。为什么如此艰难呢？这里将回顾一下本书前面的内容，为回答这个问题做些铺垫。

最为关键的一点是，50多年以来各国中央银行不断开发和完善的通货膨胀对策，难以应对此次通货膨胀。

欧美中央银行迄今为止的通货膨胀对策就是提高政策利率，这一手段对于需求冲击，也就是需求过剩引发的通货膨胀最为有效。这是由于解决需求引发通货膨胀的政策重心就是降低人们对于通货膨胀的预期。

现在全球所面临的是疫情后带来的供给不足引发的通货膨

胀，是中央银行、国际组织以及专家学者从未想到的新型通货膨胀，这种通货膨胀正严重威胁着人们的生活。

第3章已经说过，国际清算银行总裁奥古斯汀·卡斯滕斯曾经指出，中央银行的经济学家对于供给不足引发的通货膨胀研究不足，目前还处于"黑箱状态"。这个发言暗示，这次的通货膨胀是中央银行之前积累的知识和经验所无法应对的，标志着他们正在探索征服新型通货膨胀的方式或方法。

不能也不可能治愈的疫情"后遗症"

第3章已经说过，带来供给不足的是疫情后的3个后遗症。

由于居家，人们被迫将消费对象从服务转向了货物，虽然经济进入重启状态，但服务消费还不可能恢复到疫情前水平，因此出现了长期形成的服务经济化的突然逆转。与如此快速的需求转移相比，劳动与资本在产业间的流动是缓慢和迟滞的，货物的供给不足成为必然。

另一方面，不少劳动者因疫情而离开了工作岗位，之后再也没有回到原岗位。有人认为他们迟早会回到工作岗位，但事实并非如此。劳动力短缺已经给供给侧带来了极为严重的影响。

还有就是疫情暴发和俄乌冲突加速了企业逆全球化步伐。

即使全球所有国家全部进入经济重启阶段，国际贸易也难以恢复到疫情前水平。经济全球化是通过构建全球性供应网络来实现成本最小化，这曾经是带来全球性低通货膨胀的原因之一，现在经济全球化出现了逆转。企业的生产经营降速，正在用成本上升的代价换取生产体系的安全和稳定。

消费者、劳动者和生产者三者的行为变异，给供给侧造成了很大危害，这是本次高通货膨胀产生的根本原因，也是本书迄今为止所证实的现象。

中央银行一直在钻研和完善作用于需求侧的抑制通货膨胀的智慧和方式，遗憾的是，它们没有办法解决供给侧引发的通货膨胀，这是因为中央银行不能改变人们的消费趋势，也不能将离岗的劳动者赶回工作岗位，更不能加速经济全球化进程。

人们的行为变异是自身选择的结果，并不是受到了谁的命令。虽说称为"后遗症"，实际这是着眼于经济问题时的一种措辞。基于自身意志为了更好生活而形成的行为本身，是不能治愈或被否定的，也不应该治愈或被否定。

狗尾续貂的货币紧缩政策

不能盲目地治疗后遗症，也就是不能制止供给侧发生的这些变化，那么应该怎么办才好呢？要抑制通货膨胀，就要实现供给和需求的均衡，由于没有作用于供给侧的手段，那就只能在需求方面做文章，因此，世界各国中央银行正在做的还是货币紧缩政策。

所谓货币紧缩，就是提高利率和减少货币供应量以消除过度的需求。暂且不理会减少的供给，降低过度需求使之与减少的供给相等，这就是当前欧美中央银行的思路，等在前面的就是缩小均衡。因此，在这个过程中GDP下降是不可避免的，无论如何都会陷入衰退，失业率提升。这样就会放缓工资上升的势头，最终控制物价上涨。

许多民间经济学家以及市场相关人士认为，中央银行本来就善于为需求降温，"如果在实现物价稳定并在还没有引发经济衰退"之前停止加息，是否可以避免经济衰退呢？美联储主席鲍威尔直言，"很难实现经济的软着陆"。对这一问题的研究迄今还没有得出一致的结论。

暂且搁置能否避免经济衰退的问题，当前的最大问题还是将利率提高到什么程度才能抑制当前的通货膨胀。

教给我们制定理想利率的"泰勒规则"

中央银行是如何正确制定利率的呢？实际上有一个非常好用的工具，就是1993年约翰·泰勒教授所提出的"泰勒规则"。

具体就是根据当下的通货膨胀率和GDP状况，确定为实现理想通货膨胀率（通货膨胀的目标值）所需要的利率水平，这是包括日本银行在内的世界各国中央银行运作货币政策的主要依据。

运用泰勒规则，可以计算出过去的理想利率水平，通过与现实利率水平比较，验证中央银行的货币政策是否合理。图5-1描绘了美联储可以控制的联邦基金利率（FF利率）和运用泰勒规则计算得出的理想利率变动轨迹。从图5-1中可以清楚地看出，过去的利率调整基本是按照泰勒规则进行的。

泰勒规则的局限性

从图5-1可以发现，2020年以后美国联邦基金利率与基于泰勒规则计算的理想利率出现了很大背离。

2020年春季以来，美国伴随疫情带来的景气恶化出现了物价水平下降态势，当时根据泰勒规则计算的理想利率水平为-5%。尽管到目前为止包括日本在内的几个国家采取了负利率政策，但没有一个国家将负利率降到如此低的程度。这是由于在泰勒规则计算理想利率公式中，没有加入"难以实施负利率"这个限定条件，所以泰勒规则所提示的利率水平也就没有

······ 美国的实际联邦基金利率 —— 泰勒规则下的理想利率

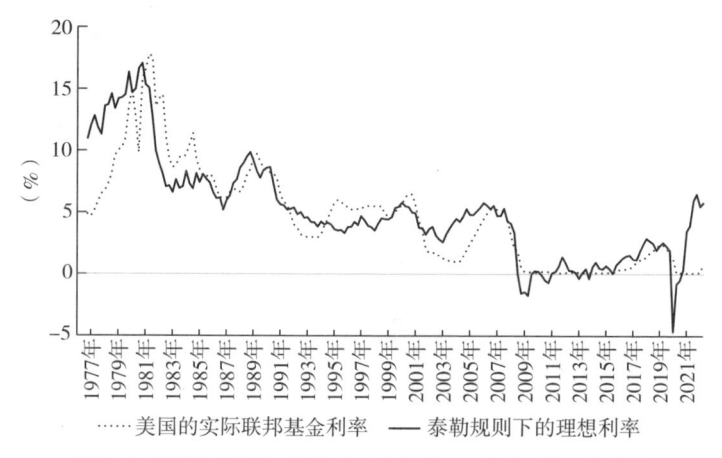

图5-1 泰勒规则下的理想利率水平与美国利率水平的变化轨迹

注：当时测算的前提：

通货膨胀指标使用的是核心通货膨胀率，当时为4.98%。

通货膨胀目标值是2%。

中性利率（美联储预测经济中长期增长时使用的利率）是根据劳巴克和威廉姆斯（Laubach-Williams）模型计算的，当时为0.36%。

GDP缺口使用国会预算办公室（CBO）的统计数据，当时为−2.0%。

通货膨胀率系数为1.5，GDP缺口系数为0.5。

资料来源：Higgins, Pat. "Introducing the Atlanta Fed's Taylor Rule Utility." Federal Reserve Bank of Atlanta. September 8, 2016.

区分正利率和负利率。由于当时美联储认为负利率存在很大的副作用，尤其是当时认为疫情引发的经济萧条应该是暂时性的，最后美联储只将联邦基金利率降至零而没有实施负利率。

之后，随着通货膨胀率上升，按照泰勒规则美联储需要大幅度提息。但美联储也没有立即提高利率，最初的升息开始于2022年3月，目标是年内5次提息，到2022年9月末诱导联邦基金利率达到3%~3.25%。

美国制定货币政策的公开市场委员会（FOMC）预测，到2022年年末联邦基金利率将达到4.4%（实际为4.25%~4.50%）。如果这样的话，2022年内提息将超过4个百分点。这是近年来从未有过的节奏。即使如此，仍然远远低于泰勒规则所指示的6%的利率水平。

泰勒规则是以过去的通货膨胀经验数据为基础来计算的，由于这次的通货膨胀与过去不同，是否还能运用相同的公式计算理想的均衡利率？提出这样的疑问是很自然的。特别是过去的通货膨胀都是需求过剩引起的，而这次是供给不足，不应该一概而论。

但是，不管引发通货膨胀的原因有多大差异，在提升利率为需求降温这点上，美联储的方案与过去是没有差异的。这样的话，自然还是凭借泰勒规则确定当前的利率水平。现在的利率上升不足以遏制高通货膨胀，物价上升势头也难以制止——我们不应该忽视泰勒规则所发出的这个信号。

那么，利率进一步上升会出现什么后果呢？这是需要认真考虑的最大问题。如果根据泰勒规则将联邦基金利率提高到6%，或许会降低通货膨胀率，使之接近通货膨胀目标制下的2%的水平。但那时股票市场肯定会出现严重动荡，与股票市场没有直接关系的人们的生活也会受到高利率的负面影响，企业难以筹集经营资金,"房奴"深受还贷负担加重之苦。需求是降下来了,结果所有人都陷入非常痛苦的境地。

美国中央银行制度是以物价稳定和充分就业为双重目标而设计的,单纯的物价稳定并不能达成美联储的使命,对它们来讲这真是一件苦差事。对于那些选民选出的政治家来说,通货膨胀的问题固然重要,与之同等重要或者说更加重要的是就业稳定。我们应该看到,美联储的艰难抉择短期内不会得到缓解。

对"工资物价螺旋式上升"的担忧与"冻结工资"

通货膨胀的"第二个回合"

利率上升为需求降温不仅是让美联储,也是让英国及欧洲中央银行共同伤脑筋的问题。但是它们在未来货币政策运作中最为担心的是物价上升引发工资上升,工资上升进一步推高物价的事态发生。这种状态被称为"工资物价螺旋式上升",意味着通货膨胀进入更加难以应对的新阶段。

"工资物价螺旋式上升"也称为通货膨胀的"第二个回合"。第一个回合是最初的经济冲击引发的通货膨胀,也就是疫情暴发以及俄乌冲突的影响。如果中央银行在这个阶段能够有效抑制通货膨胀,就不会进入第二阶段。但是如果第一回合的通货膨胀引发工资上涨，企业将随之而来的工资成本上升转嫁到产品价格上，就会推动价格进一步上涨。也就是最初的通货膨胀通过工资上涨路径进一步推高通货膨胀，进入第二个回合。

过去通货膨胀过程中曾多次出现这种现象，中央银行自然会相当警戒。但为什么又会屡屡出现螺旋式上升呢？原因是极其简单的，工资和物价就像鸡与蛋的关系。鸡生蛋，蛋生鸡，鸡再生蛋，蛋再生鸡，如此循环。没有鸡的话自然就不会有蛋，没有蛋的话也就孵不出小鸡。到底哪个是原因，哪个又是结果，我想孩童时代受到这个问题困扰的人不在少数。工资与物价的相互依存关系如图5-2所示。

图5-2 欧美国家的工资物价螺旋式上升模式

这次首先是以疫情暴发和俄乌冲突为契机，加剧了通货膨胀。由于通货膨胀带来了消费者生活成本（人们日常生活中必要的花费）上升，迫使人们削减消费支出，但仅仅这样还是不够，人们还希望提高收入以弥补物价上升造成的损失。增加劳动时间是最简单且迅速的增加收入的方式，但也存在局限性，当不能通过增加劳动时间提高收入时，劳动者就会要求雇主提高工资。

当然雇主不会立即答应雇员的加薪要求，雇员或许威胁如果不加薪就跳槽到其他公司，或许发起罢工或威胁要罢工，经过种种交涉，雇主基于留住优质劳动力的思考不得不接受雇员的加薪请求。

加薪使雇员能够维持正常生活。下面考虑的是经营者如何维持正常经营的问题。工资上升带来人力成本增加，如果不采取相应措施的话会带来经营业绩恶化。

作为经营者，需要考虑股东利益，不能任由业绩恶化。削减人头费以外的成本是办法之一，但有一定限度，最终需要提高产品价格以弥补人头费增加的成本，也就是必须将增加的工资成本转嫁到产品价格上。当然涨价并不是一件很容易的事情，对于经营者来说之所以跟风涨价，是由于他们认为已经出现了通货膨胀，涨价成为家常便饭，企业的产品涨价并不会引发关注，也没必要担心涨价会引起销售额的大幅下降。

这样的话，物价会进一步上升，消费者的生活再次陷入困境，进一步要求提高工资……这一过程反复出现，最终就会出现工资和物价的轮番螺旋式上升。

通货膨胀预期的"自我实现"

读到这里，大家有什么感觉呢？由于雇员要求加薪或者罢工事件与日本的现实存在很大距离，很多日本人或许没有真实的感受。但实际上，这个话题与日本的关系也很密切，本章的最后部分将分析这一问题。

暂时不讨论缺乏现实感（尤其是对日本人来说）的问题，单纯工资和物价滚动轮番上涨这件事本身，就会让很多人想这是哪里出现了问题。这一直觉是对的，但要从道理上说清轮番上涨的机制，却并不是一件容易的事情。

再回到雇员要求加薪的问题。前文提及，劳动者因通货膨胀而要求加薪以弥补物价上涨的损失（或者说弥补收入下降的部分）。消费者要求补偿已有通货膨胀所带来的损失是很自然的，当然也会要求补偿未来物价上涨所带来的预期损失。这是由于在通货膨胀率持续升高背景下，即使加薪弥补了过去物价上涨带来的损失，消费者的生活必定还会受到未来物价上涨的影响。在这种状况下，劳动者对未来通货膨胀的预期就会反映到所要求的加薪幅度中，即当前的加薪幅度依赖于未来通货膨胀预期。

比如，劳动者预期未来通货膨胀率将达到10%，就会要求10%的工资上涨率。这样，人头费增加和价格转嫁程度同样都会维持这一比例。这就是说，劳动者的通货膨胀预期，通过自身提出的加薪请求和在此基础上企业的价格转嫁行为，对现实通货膨胀率产生了直接影响。劳动者的预期通货膨胀作为起始点，最终决定了实际通货膨胀。从这个角度说，劳动者的预期得到"自我实现"。

如果劳动者的预期是稳定的，加薪的要求也是比较稳定的。比如通货膨胀率预期一直是10%的话，加薪的要求也会维持这个程度。但现实并不是这样，还应该考虑劳动者预期像断线的风筝那样不断升高的情景。当通货膨胀预期出现不稳定状况时，今天的加薪幅度比昨天高，明天还会提出更高的要求。工资和物价就像沿着旋转楼梯不断攀升。

第3章已经讲过，当不存在名义锚的情况下，就不会有一个稳定的通货膨胀预期。包括美国在内的发达国家的中央银行采取了通货膨胀目标制，中央银行提出通货膨胀的目标值（很多国家都是2%）就是期望发挥名义锚的作用。

但是，如果通货膨胀持续高位运行，中央银行没能出台更大胆的政策措施（如更大幅度提高利率），人们就会质疑中央银行达成2%目标的能力和意愿。这样的话就是事实上的名义锚失效，通货膨胀预期会变得更加不稳定。我想现在欧美国家还没有出现这种状况，但是不可否认，不远的将来或有这种可能性。

引发工资物价螺旋式上升的3个前提条件

引发工资物价螺旋式上升的基本要件是通胀预期的不稳定。此外还要具备其他一些前提条件，这些条件同时出现时才有可能出现螺旋式上升。

第一是劳动力的需求旺盛，并且劳动力供给不能及时增加，出现劳动供需紧张，劳动者权益交涉能力增强。

第二涉及企业方面，企业拥有较强的定价权，具备将人头费增加部分转嫁到产品价格的能力。

第三是当企业考虑是否将人头费增幅转嫁到产品价格时，确信竞争企业也会进行同样的价格转嫁。

以上3个条件均具备时，劳动者要求加薪，企业接受加薪要求之后将加薪部分转嫁到价格上，就会出现工资物价的螺旋式上升。

欧美国家现在是否满足上述3个条件呢？正像我们在第3章所看到的那样，伴随疫情后的经济重启，美国及英国劳动力需求增加，而劳动力供给方面因离职或提前退休而减少，劳动力市场已经出现供需紧张，可以说劳动者的权益交涉能力已经提高。

从企业定价能力看，由于欧美国家的消费者存在较强的无奈接受物价上涨倾向，现实中已经出现了因人头费提高而提高产品价格的现象。另外，由于价格上涨广泛出现在不同的产品和地区，很多企业都确信不仅本企业的产品出现了涨价，竞争企业的产品同样也会涨价。可以说企业以及竞争企业的条件也已经具备。

实际上，2022年6月，英国时任首相鲍里斯·约翰逊和作为英国中央银行的英格兰银行行长安德鲁·贝利，就表示英国经济正处在工资物价螺旋式上升的边缘。与此相对，英国工人阶层以及工会组织还认为工资的上升没有赶上物价的上涨幅度，这与约翰逊等的主张完全相对。

斩断螺旋式上升的"另类"政策

那么，如果出现了工资物价的螺旋式上升，中央银行和政府应该怎么应对呢？

在这个时候，采取货币紧缩降低需求也是有效的手段。当需求下降时景气恶化，劳动者的通货膨胀预期就会降下来。还有就是景气恶化时，劳动力市场的供求紧张状态也会得到缓和，劳动者为了保持就业岗位也难以提出强硬的加薪要求。另外，在景气恶化过程中消费需求下降，将强化消费者的低价偏好和价格筛选能力，企业也就不能将人头费增加部分转嫁到产品价格上。在激烈的价格竞争环境下，经营者必须密切关注同行竞争企业的定价策略，也会增大价格转嫁难度。

过去曾经出现过工资价格螺旋式上升的阿根廷、巴西和以色列等国，实际上都是通过这种货币紧缩政策为需求降温，但最终这些国家还是出现了恶性通货膨胀。强有力的货币紧缩政策，怎么也没能抑制高企的通货膨胀。同时，伴随需求下降的是GDP的萎缩和失业率大幅上升，达到了整个社会不能承受的程度。这意味着需求侧的调整政策陷入僵局。

在这种状况下，这些国家不得不放弃需求管理政策，转向供给侧改革。这里所说的供给侧就是生产和销售产品的一方，具体就是劳动者和生产者（企业）这些经济主体。政府对劳动者发出"冻结工资"命令，同时，禁止企业将人头费增加部分转嫁到产品价格上。政府强制禁止了所有加薪和涨价的行为。

作为需求管理的货币紧缩政策，是通过提高利率刺激消费者和企业自发性抑制支出的诱导性政策，虽然说是抑制消费者和企业的行为，至多只是一种间接的影响。与此相对，供给侧调控政策中的冻结工资和禁止企业涨价，是政府可以直接控制的。两种调控政策，背后的逻辑完全不同。

后者会侵犯劳动者和企业的权益，阻碍市场机制的调节作用，很多人对此持否定态度，因此，前者属于正统派（orthodox）处方，而后者被称为"异端派"（heterodox）处方。假如通货膨胀进入了第二个回合，所需要的虽然不能说是剧毒药物，也应该是威力相当强大的药物。

作为协调者的政府

前文提及，通货膨胀第二个回合形成于通胀预期的自我实现机制。反过来说，如果人们都预期未来物价不会上涨，预期的自我实现也会终止物价上涨。如果能够有效地利用这一机制，是否可以抑制工资和物价的螺旋式上升呢？

举个例子，在通货膨胀率处于10%时，劳动者预期"企业未来每年会涨价10%"，因此加薪幅度就是10%。另一方面，企业预想到"劳动者每年会有10%的加薪愿望"，基于这一预期就会将价格上涨10%。

那么，这时候，如果谁对劳动者承诺"企业未来不会涨价",而劳动者接受这个承诺,那会出现什么状况呢?由于物价不会上涨,劳动者不需要提出加薪要求。下面轮到企业制定价格,由于雇员没有加薪要求,不会提高人头费用,不须转嫁,劳动者也就相信企业不会涨价。

但是我们不能保证企业会按照劳动者的预期而采取行动。相反,如果按照原来的幅度涨价,在人头费不增加的情况下还能赚取更多收益,企业大概率还会涨价10%。

冷静地想一想,劳动者从一开始自然也会想到这种状况,所以,不管谁向劳动者保证企业不涨价,劳动者都不会相信。企业同样也会有这种疑神疑鬼的心态,无论谁向企业保证劳动者今后不会提加薪要求,企业也不会当真而不提高价格。

劳动者和企业之间缺乏相互信任,自然不可能终止螺旋式上升。工资和物价螺旋式上升的本质,就是劳动者与企业之间没能进行有效协调。"人人都预期物价不上涨就会终止通货膨胀",这句话是没有错的,而实现的步骤就是所有利益相关者(所有的劳动者和经营者)坚信,"自己以外的所有人都在0%上涨率的前提下行动"。如果这个信念能成立的话,自己也会采取0%上涨率下的理性行为。但是这不是很容易实现的。在10%通胀率持续的过程中,要说从明天开始通胀率降为零,估计谁也不会信以为真。

但是如果存在一个拥有控制工资和价格权限的特殊主体，情况就会另当别论。当然不是任何国家都存在这样的主体，但像阿根廷和巴西等国政府具有控制工资和物价的权限。因此，政府可以对劳动者和企业分别发出指令，冻结劳动者工资，禁止企业涨价。这样就可以消除劳动者和企业之间相互猜疑的状况。

针对阿根廷和巴西等的案例，不少人都认为工资价格管制这一强权政治体制发挥了作用。在我看来，这一制度设计的作用本质上并不是管制，而是让相关利益者之间接受了"0%上涨率"这个前提条件，预期自己以外的所有主体都按照这个前提行事。也就是说，政府在劳动者和企业之间起到了协调者的角色。如果政府不是依赖强制性的命令方式，而是通过言语在相关主体间沟通协调产生效果的话，当然是最完美的。这在平时还好，但当通货膨胀高企带来社会混乱之时，单纯用语言沟通应该是远远不够的，采取强制措施或许也是不得已的。

话题再回到现在的欧美社会。当英国首相鲍里斯·约翰逊意识到英国经济处于工资物价螺旋式上涨的边缘时，直接提出"冻结工资"。当然，这一提法因损害劳动者权益，遭到了工会组织和部分媒体的强烈抗议。强制抑制价格和工资的提高，在如此成熟的英国社会，政治成本是相当大的，从妨碍价格、工资自律调整的后果看，经济成本也不会小。我想英国政府正在探索不依赖强权方式，而是通过语言沟通的有效路径。

日本式工资物价螺旋模式

为了规避日本的特有风险

关于欧美国家的通货膨胀，最紧迫的话题是，是否陷入了工资物价螺旋式上涨模式。如果是的话，又该采取怎样的对策。而对于日本来说，正像前文提及的，通货膨胀率仍排在主要国家的最后一位，没有必要担心工资和物价的螺旋式上升。但要说日本与这种工资物价的螺旋模式毫无关系，也是不切实际的。

前文提及，工资和物价之间的关系类似于鸡与蛋的关系，在两者之间的相互关联方面日本也不例外。前面已经讲过，日本的工资和物价就像冻僵似的一动不动，工资冻结作为原因带来了物价冻结，物价冻结作为前提不得不冻结工资，从这个角度来说，二者在互为因果的过程中形成了现行的工资物价范式。

欧美国家所担心的是工资物价联手螺旋式上升，而日本出现的是工资和物价联手螺旋式冻结。本章将这种现象称为"日本式工资物价螺旋模式"。

也许看起来"联手上升"和"联手冻结"有着很大差异，

如果仅关注上升和冻结的话，的确是这样的。但若是关注联手的话，两者的性质是相同的。螺旋变化的本质就在于相互联手，从这个角度来说，两者具有相同的性质。

几乎不涨工资的日本企业

在详细分析日本式工资物价螺旋模式之前，需要运用数据观察一下日本工资现状，也就是确认日本工资冻结的事实。

图5-3直观显示了1950年以来劳动者的名义工资变动情况，纵轴为2000年为1的指数对数值。名义工资就是雇主向雇员支付的工资数额。名义工资用3条线表示，其中两条是日本厚生劳动省统计的数据，另一条是国税厅作为纳税依据的数据。3条线的一个共性特征是从20世纪50年代开始到90年代前半期都是不断上涨的，之后几乎成为一条水平线。

如果将水平线说得更准确一点，就是日本劳动者的平均工资没有变化。平均工资不变有两种可能：一种可能是一些人的工资上涨，另一些人的工资下降，所有人的平均工资保持不变；另一种可能就是所有人的工资都不发生变化，平均水平自然也不会变化。

前者的情况是业绩好的劳动者以及企业的工资水平上升，业绩不好的劳动者或企业的工资水平徘徊或下降，这样可以

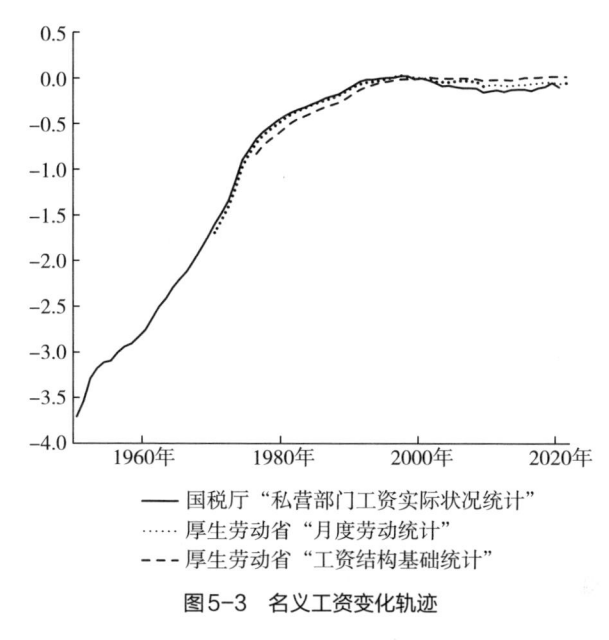

图中纵轴刻度:0.5、0.0、-0.5、-1.0、-1.5、-2.0、-2.5、-3.0、-3.5、-4.0
横轴:1960年、1980年、2000年、2020年

—— 国税厅"私营部门工资实际状况统计"
…… 厚生劳动省"月度劳动统计"
--- 厚生劳动省"工资结构基础统计"

图5-3 名义工资变化轨迹

确保工资的激励效应,是一种健全的工资制度,而后者是不管劳动者和企业的业绩如何,一律保持稳定的工资,就丧失了工资的激励效应。不管劳动者努力工作还是不努力工作,工资都保持不变,就很难调动起劳动者的积极性,整个社会的活力因此也会下降。

那么,日本平均工资不变到底是哪一种情况呢?日本厚生劳动省每年都要调查日本企业的调整工资(上调基本工资或定期加薪)情况,根据调查数据制成了图5-4的不调整工资企业占比情况。1975年到20世纪90年代前半期之间,不调整工资的企业微乎其微，占比仅为2%~3%，意味着在这一时期，企业每年涨工资或定期加薪是理所当然的事情。

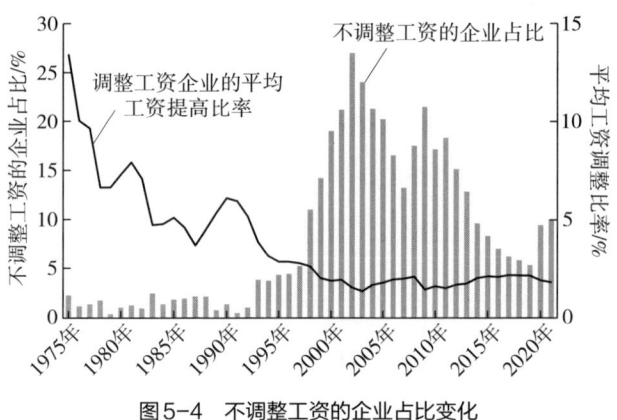

图5-4　不调整工资的企业占比变化

20世纪90年代后半期以来，不调整工资的企业占比开始上升，到21世纪第一个10年的前半期，这一比例提高到25%，之后高位徘徊了一段时间，2010年开始减少，特别是2013年出现了显著下降。我想这主要是由于安倍政权执政后作为安倍经济学的组成部分实施了政府主导的"春斗"（政府要求企业为劳动者提高工资）的缘故。虽说进行工资调整的企业有了些许增加，但工资调整的幅度很小，平均工资提高率仅为2%左右（图5-4的实线）。

从这里可以看出，日本所有企业的平均工资并不是完全僵住而一动不动，而是部分企业工资的变动幅度极为有限，部分企业的工资保持了稳定。第4章已经分析了日本价格波动的特征，不仅是平均价格一动不动，单个产品的价格也没有变化。将这两个现象合在一起看，可以确认日本工资和物价被冻结的事实。

日本名义工资也排在主要国家的末位

接下来，我们从国际比较看，日本的工资水平处于什么位置。图5-5是OECD（经济合作与发展组织）部分成员国工资增长率一览表，显示的是2000—2021年工资平均增长率。图5-5（a）是实际工资增长率，图5-5（b）是名义工资增长率。

首先请看图5-5（a）的实际工资。如果名义工资提高10%，而物价也按照同一比例提高10%，则劳动者的实际可支配收入是相同的，并不会提高实际工资。实际工资是由劳动者的劳动生产率（一个劳动者一天生产的产品数量）来决定的，伴随劳动生产率提高，实际工资就会上升，劳动者的生活也会变得富裕。

日本实际工资增长率为0.1%，在各成员国中处于相当低的位置（倒数第五位）。实际工资增长率的低下反映的是日本劳动生产率增长缓慢的现实。这是一个相当严峻的问题。劳动生产率增长缓慢，这是必须解决的。就劳动市场改革出现了许

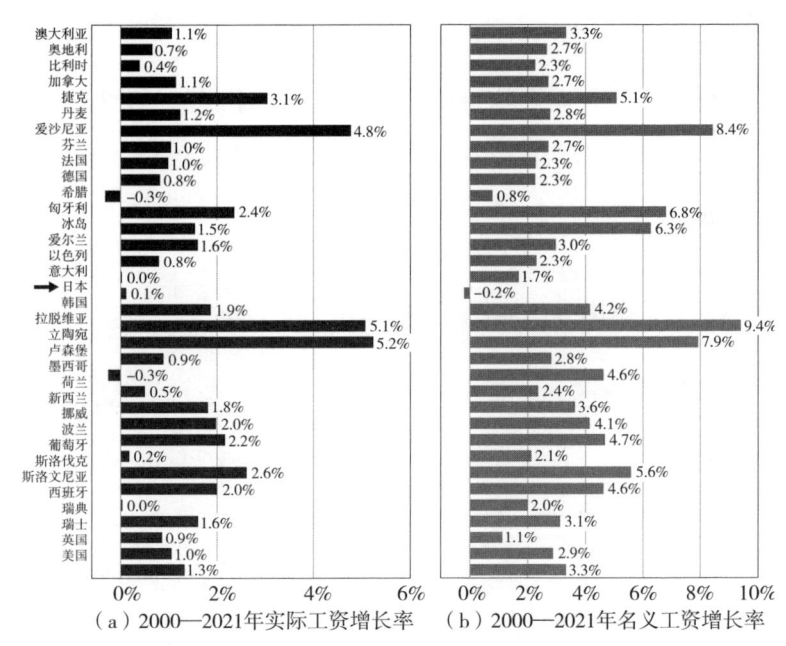

国家	(a) 2000—2021年实际工资增长率	(b) 2000—2021年名义工资增长率
澳大利亚	1.1%	3.3%
奥地利	0.7%	2.7%
比利时	0.4%	2.3%
加拿大	1.1%	2.7%
捷克	3.1%	5.1%
丹麦	1.2%	2.8%
爱沙尼亚	4.8%	8.4%
芬兰	1.0%	2.7%
法国	1.0%	2.3%
德国	0.8%	2.3%
希腊	−0.3%	0.8%
匈牙利	2.4%	6.8%
冰岛	1.5%	6.3%
爱尔兰	1.6%	3.0%
以色列	0.8%	2.3%
意大利	0.0%	1.7%
日本	0.1%	−0.2%
韩国	1.9%	4.2%
拉脱维亚	5.1%	9.4%
立陶宛	5.2%	7.9%
卢森堡	0.9%	2.8%
墨西哥	−0.3%	4.6%
荷兰	0.5%	2.4%
新西兰	1.8%	3.6%
挪威	2.0%	4.1%
波兰	2.2%	4.7%
葡萄牙	0.2%	2.1%
斯洛伐克	2.6%	5.6%
斯洛文尼亚	2.0%	4.6%
西班牙	0.0%	2.0%
瑞典	1.6%	3.1%
瑞士	0.9%	1.1%
英国	1.0%	2.9%
美国	1.3%	3.3%

图5-5 OECD部分成员国的实际工资和名义工资增长率

多建言,正确的选择是如何有效实施劳动市场的结构改革。

我这里想讨论的不是实际工资,而是名义工资问题。本书的主题是通货膨胀以及物价问题,名义工资与物价问题密切相关。从图5-5(b)看名义工资状况,日本的地位更加尴尬,不仅位于图中34个OECD国家的末位,而且是唯一出现负增长的国家。

仔细对比实际工资和名义工资两张图,还可以发现更重要的问题。例如,意大利的实际工资增长率比日本还要低一些,但名义工资增长了1.7%，虽不能说很高，但与其他国家相比差距不大，并没有像日本这样因名义工资负增长而处于最后一位。在其他实际工资与日本一样增长不多的国家中，比利时、荷兰和西班牙等也都出现了名义工资的强劲上涨。

名义工资和实际工资并不联动

关于物价与工资的关系问题，有不少人几乎每次在讲演中都坚持这样的逻辑，"名义工资之所以低是由于实际工资增长缓慢，实际工资增长缓慢是由于劳动生产率增长缓慢，因此，要提高名义工资必须提高劳动生产率"。我完全同意实际工资与劳动生产率之间的紧密联系，但对于实际工资与名义工资的关系，不管是从道理上说还是从统计数据上看，绝不是单纯的算术关系，提高生产效率的政策措施并不能解决所有问题。

换句话说，在工资方面日本应该以意大利和比利时为典范，虽然这两个国家的实际工资增长率较低，但名义工资增长率并不低，应该将此作为日本改革的目标。当然作为目标的话，更应该像瑞典那样，切实提高实际工资和名义工资水平。为此就必须要提高劳动生产率，而为提高劳动生产率的结构改革又需要相当长的时间。当然我也不是说不做这样的努力。作为近期目标，我的建议是能否建立像比利时和意大利那样的工资体系。

日本式工资物价螺旋模式

意大利和比利时的实际工资增长几乎为零，但名义工资还是上涨的，就是说名义工资与物价几乎保持了同步增长。怎样才能创造一个全新的日本工资和物价联手上涨范式呢？答案就在工资和物价的螺旋模式中。

图5-6是将欧美国家正在担忧的工资物价螺旋模式（图5-2），改编成的日本式工资物价螺旋模式。

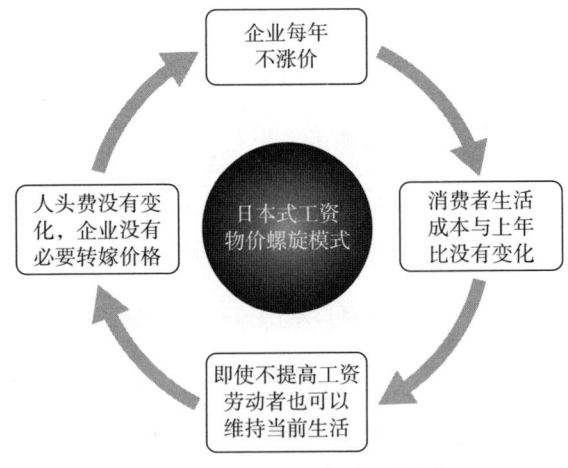

图5-6 日本式工资物价螺旋模式

下面看看这一模式是否符合日本的实际状况。

从图5-6右边的消费者开始，由于商品过去一直没有涨价，消费者预期未来也不会涨价，生活费支出也不会发生改变,没有必要提出加薪要求。下面轮到企业行动,由于没有劳动者的加薪要求,人头费维持不变,就没有理由提高产品价格,所以维持与往年相同的价格。经过一个完整循环后消费者是什么状况呢?由于物价根据预期并没有上涨,也没出现任何新的变化,就会做出与上一期相同的行动。这样每年就会重复出现工资和物价同时冻结的状况。

欧美国家所担心的工资物价螺旋式上升的最重要特征是,通胀预期的自我实现机制,这个特征也出现在日本式螺旋模式中,即劳动者不提加薪要求的原因在于预期通胀率为零,由于工资上升为零,人头费不发生变化,企业决定不涨价,这样劳动者的通胀预期通过劳动者和企业的行动决定了实际通货膨胀率。这个机制与正统的螺旋式上升机制是相同的。

前文提及,正统的螺旋式上涨需要3个条件,一是劳动市场供求紧张增强了劳动者的工资交涉能力;二是企业定价能力强,可以将人头费转嫁到价格上;三是确信竞争企业也会采取相同的价格转嫁行为。这3个条件在日本的表现如下。

首先,就劳动市场来说,日本疫情后的经济重启滞后,劳动需求还不是很旺盛,供求关系相对缓和,劳动者并不具备强大的工资议价能力;其次,关于企业的价格转嫁问题,正像前面第4章所看到的,虽然说出现了一些转嫁迹象,但由于日本消费者根深蒂固的低价偏好倾向，企业还没有将人头费提升部分完全转嫁到产品价格上；最后，关于竞争企业的相关问题，企业仍然强烈地怀疑其他竞争公司不会率先实施价格转嫁，这也是价格转嫁进展缓慢的原因。以上三点成为日本式工资物价螺旋模式形成和持续的前提条件。

工资物价螺旋模式治疗方案：正统派和异端派

我们现在可以理解日本也同样存在工资物价螺旋模式，只是与欧美国家所担心的方向完全不同，二者在知识层面的相似性就是一个非常有意思的问题。两种螺旋模式具有相同的结构特征，从这个角度出发，可以为解决日本式工资物价螺旋模式提供新的思路。

前文提及，欧美国家的工资物价螺旋式上升可以采取货币紧缩政策冷却过热的需求，这是正统的治疗方案。但是冷却需求会伴随着失业率上升的成本，当通货膨胀率持续升高时，过大的失业成本或许会超出社会的承受能力。这种状况下不得不改变政策目标，此时需要考虑的就是工资和价格的直接管制，这就是异端派的"另类"治疗方案。事实上，阿根廷采取的这种方案已经产生一定效果。

日本式工资物价螺旋模式变动也是同样，首先是按照正统的治疗方案调整需求，不同之处在于日本是刺激需求，为此需要降低利率。由于利率下降降低失业率，不用像欧美国家那样担心失业率严重超过社会承受能力的问题。但是正统治疗方案也有局限性，就是利率降低的局限性，负利率不能降到任意想要的程度（参考第4章"利率水平的下限"）。一旦达到下限，利率不能继续下降，也就不能继续刺激需求。日本利率已经在2000年左右降至零，可以说就是这种状况。

在工资物价螺旋式上升的国家当需求控制难以奏效时，它们意识到了正统治疗方案的局限性，不得不转向异端的"另类"治疗方案。那么，在解决日本式工资物价螺旋式变动中，是否存在"另类"的治疗方案呢？下面将分析这个问题。

日本可能实现"工资解冻"吗

前文提及，传统螺旋式上升国家的"另类"治疗方案就是，政府对劳动者和企业发出禁止工资和物价上涨的命令。英国约翰逊首相提到的"冻结工资"就是这类政策的代表。但日本的情况是工资和物价处于冻结状态，日本需要的不是冻结，而是"解冻"。正像第4章所分析的，日本现在已经出现了物价"解冻"迹象，只是工资还处于"冻结"状态。采取什么措施实现工资"解冻"，是能否成功打破日本工资物价螺旋模式的关键。

实现"工资解冻"具体应该采取什么措施呢？根据日本的实际情况改写传统的"另类"处方笺，就是将"实现日本银行制定的2%通货膨胀目标值"作为所有利益相关者共享的预期，并在此基础上采取行动。具体施策如图5-7所示，首先劳动者或工会提出与2%通胀率相一致的加薪要求，其次，企业接受劳动者加薪要求，按照人头费增加的程度提高产品价格，这样就可以实现2%的通货膨胀率。

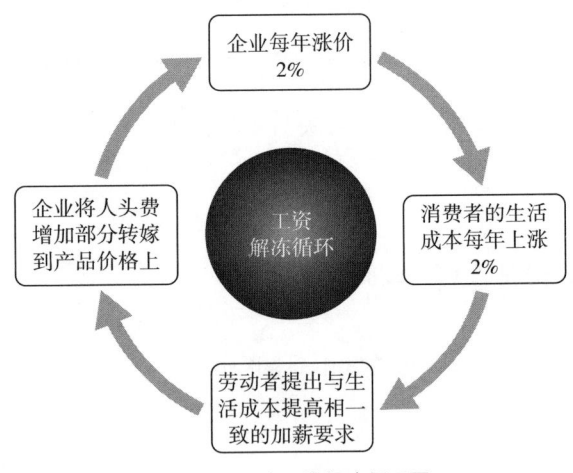

图5-7 日本工资解冻循环图

这一连串的行动中，最难的还是利益相关者共享2%通胀率预期并据此采取行动，这也是传统螺旋式上升国家所面临的问题。比如劳动者没有提出与2%物价上涨相一致的加薪要求（还像以前那样保持不变），企业就不会提高产品价格，这是由于当消费者的手头紧张时，一旦提出涨价，企业就会失去客户。相反，如果企业不能涨价2%，价格继续维持不变，就不能接受劳动者的加薪请求，即使劳动者提出加薪请求，企业意识到收益会恶化也不得不拒绝劳动者的请求，员工如果执意提出强烈的加薪请求有可能会危及就业岗位。

逆时针的旋转模式

如何才能让所有利益相关者的行为符合"2%通胀预期"呢？模仿传统的终止螺旋式上升的做法，就是政府出场，让所有的劳动者和经营者知晓或接纳2%的通胀目标，并在此基础上采取相应行动。

回过头来看，日本在2013年实施划时代的货币宽松政策初期，就是采取的这类政策。日本央行高调发布2%的通货膨胀目标，强烈督促企业提高产品价格，政府通过组织"春斗"和提高最低工资标准等措施，呼吁企业经营者提高劳动者的工资。

的确，日本央行和日本政府的行为，表面上类似于异端的解冻工资政策，实际上存在很大差异，这是逆时针的旋转模式。图5-7显示的是顺时针的旋转，就是劳动者提出加薪请求，然后企业将人头费增加的部分加到产品价格上，之后是未来生活成本上升进一步要求加薪……这意味着"将自己行动之前发生的成本转嫁到自己的价格上"。

关于企业价格转嫁的理由不需要进一步说明，对于劳动者的成本转嫁好像有点不好理解。生活成本的上升可以看作劳动者"劳动力"再生产过程中的成本上升，劳动者也需要将成本上升的部分转嫁到劳动的价格也就是工资上。企业和劳动者各自转嫁成本的因果顺序用箭头表示就是图5-7沿顺时针方向旋转。

那么，如果根据图5-7梳理划时代货币宽松初期的政策措施，可以说不是顺时针循环，而是逆时针运动。在图5-7中，企业按照2%的通胀率预期提高产品价格，若沿顺时针方向，提价是由于人头费带来的工资成本上升，而在逆时针的条件下，暂时不关注企业提价的原因，仅仅关注价格上升对劳动者产生怎样的影响。这里假定的机制是，"企业提价，在收益增加后，会以提高工资的形式回馈给劳动者"，也就是企业涨价就会带来工资上涨。用图5-7来说，从上方的四方形逆时针转动到最下面的四方形。这时企业价格上升产生的生产者剩余部分返还给了劳动者，这就是涓滴效应（trickle down）。

要实现逆时针循环，还需要一个工资上升触发价格上涨的机制。目前还缺乏对这一问题的深入探讨，要我说的话就是，"劳动者工资提高后收入增加，即使价格有一些提升也会毫不在意地消费，涨工资的收益就回馈到了企业"。也就是说，企业和劳动者赚足了钱之后都可以返还给对方，这个返还就是逆时针旋转的原动力。

希望推动逆时针旋转的是谁

初看起来，因转嫁成本而形成的顺时针和利益返还而出现的逆时针转动没有什么不同，实际上则存在重大差异。企业和劳动者到底谁想推动逆时针旋转呢？顺时针的场合，企业考虑的是人头费上升部分转嫁到产品价格上，不然的话会降低企业的收益。劳动者也是考虑生活成本上升而要求提高工资，不然就会影响到劳动者的正常生活。

与此相对应，如果是逆时针旋转，企业和劳动者自然都不愿意推动这个循环。企业价格上涨后所获得的利益返还给劳动者，这是一个假定机制，现实能是这样吗？如果询问单个企业，自然都会回答"不"。同样，假定劳动者工资上升所获得的利益也会返回给企业，但并不存在某个机制保证劳动者采取这样的行动。

如果企业和劳动者都不愿意推动逆时针运转，那么逆时针运动就是画饼充饥。但为了实现经济发展，日本必须建立工资和物价的良性循环，无论采取什么措施，都要实现工资物价的逆时针运转。当时的日本政府和央行或许就是这么考虑的。于是，政府和央行就成为逆时针转动的推手。例如，当时日本政府呼吁企业将巨额的内部利润留存用于提高劳动者工资，就可以理解为推动逆时针运动的尝试。

顺时针和逆时针循环的最大不同是，提高劳动者工资的资金来源问题，顺时针循环时资金来源于价格转嫁引发的产品涨价。企业将人头费增加部分转嫁到产品价格上，涨价收益成为加薪的基础。而在逆时针场合，提高工资的资金来源于企业之前所获利润的"剩余"。由于是剩余，即使让渡给劳动者也不会影响企业经营，因此才假定以工资上涨形式实现利益返还。我认为逆时针的运转是相当没有道理的，在谁看来都是很明显的。

实现"工资解冻"的3个条件

迄今为止我们分析了日本独特的工资物价螺旋模式，还分析了正统派处方的局限性以及异端派处方的可能性，也揭示了日本所采取的政策措施与异端派处方的差异性。在此基础上，我们接下来分析实现工资解冻所需要的关键因素。

第一，物价上涨预期是否成为人们共识，整个社会是否理解为了维持正常生活水平提出加薪是正当的要求。以前已经说过，提高通胀预期是解冻工资的关键一步。但是在日本，由于物价长期不变的预期根深蒂固，也就不会意识到劳动者加薪的要求是正当合理的，通常的理解是物价不上升工资也冻结，虽然无奈也是正常的。但是第4章讲过，2022年以海外流入通货膨胀为契机，通货膨胀预期正在发生变化，要求提高工资的呼声也逐渐增多，情况正向好的方向发展。

第二，企业是否考虑将"加薪带来的人头费上升部分转嫁到产品价格上"。企业必须理解加薪的资金来源于产品涨价，并且需要各个行业所有企业的劳动者同时提出加薪请求，在这方面需要政府发挥更大的作用。

假如，如果不是所有企业的劳动者都提出加薪要求，而仅限于部分企业的话，会出现什么情况？接受加薪要求的企业预期没有加薪的竞争企业不会提高价格，担心一旦自己提价，客户就会流向竞争企业，因此也就不会将工资成本上升部分转嫁到产品价格上。如果不能转嫁的话，即使劳动者提出加薪要求，经营者也不会提高工资。

第三，日本是否出现了劳动力市场的供求紧张状况。一旦工资解冻，就需要物价每年稳步提升，工资相应也要不断提高，这是理所当然的。而实现这个"理所当然"并不是一件容易的事情，它需要一个类似助跑起跳的动作，这就是劳动力市场的紧张。

一个重要的问题是，当预期未来经济重启进入加速状态，日本的劳动供求会紧张到什么程度？日本在疫情期间重视防疫政策的结果是经济重启滞后于欧美国家。但未来经济肯定会步入正常状态，劳动需求预期会大幅增加。实际上已经有报道证实部分餐饮等服务业部门出现了人手不足的问题。劳动力供给存在很大不确定性，难以预估。在考虑未来劳动力供给问题时的关键一点，就是日本社会是否会出现欧美国家那样的"长社交距离"呢？

行动变异能否改变日本的劳动供求状况

第3章我们已经分析了芝加哥大学研究团队关于美国长社交距离的研究成果。我的研究室也以日本人为对象进行了调查，这里介绍部分内容。

图5-8显示了"疫情结束后疫情期间形成的种种习惯（如外出归来用洗手液洗手，外出时佩戴口罩等）是否会持续？"这一问卷的调查结果。很多项目中，80%以上的受访者回答，这些习惯已经养成，难以改变。这里特别关注的是，未来怎么办的问题。问卷的选项是，"疫情结束后也继续这样

吗？"40%的受访者回答是肯定的。第3章开头已经介绍了地铁发生的座位事件。与那位女士一样，与他人保持距离的意识在疫情暴发后已经出现了很大变化。

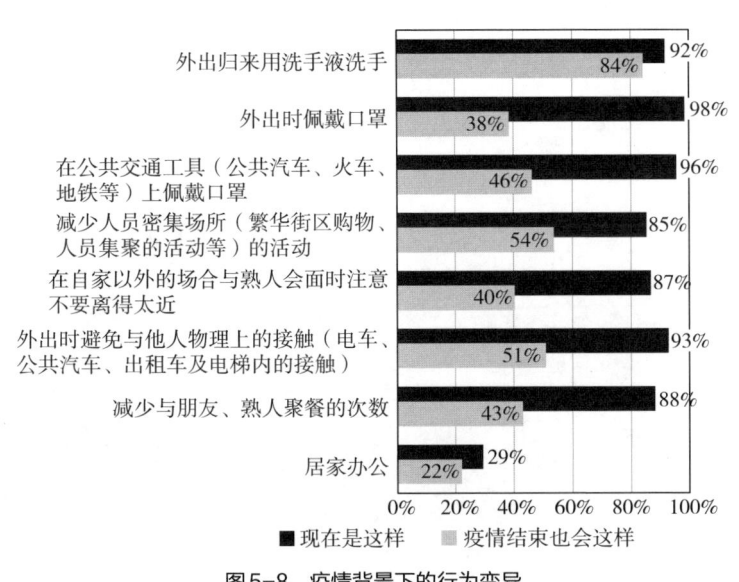

行为	现在是这样	疫情结束也会这样
外出归来用洗手液洗手	92%	84%
外出时佩戴口罩	98%	38%
在公共交通工具（公共汽车、火车、地铁等）上佩戴口罩	96%	46%
减少人员密集场所（繁华街区购物、人员集聚的活动等）的活动	85%	54%
在自家以外的场合与熟人会面时注意不要离得太近	87%	40%
外出时避免与他人物理上的接触（电车、公共汽车、出租车及电梯内的接触）	93%	51%
减少与朋友、熟人聚餐的次数	88%	43%
居家办公	29%	22%

图5-8 疫情背景下的行为变异

问卷中还有一个更直接的问题，"疫情之后你能回到疫情之前的生活吗？"调查结果如图5-9所示。回答"生活完全回到疫情前状态"的比例很低，男性占20%，女性占10%。虽然不同年龄段有一定差异，但很多人都预期自己的生活不能回到疫情前状态。由于问卷的设计等与第3章介绍的美国存在差异，并不能直接比较数据，但是回答"生活不能回到疫情前状态"的比例之高与美国相同，实际上或许还远不止于此。

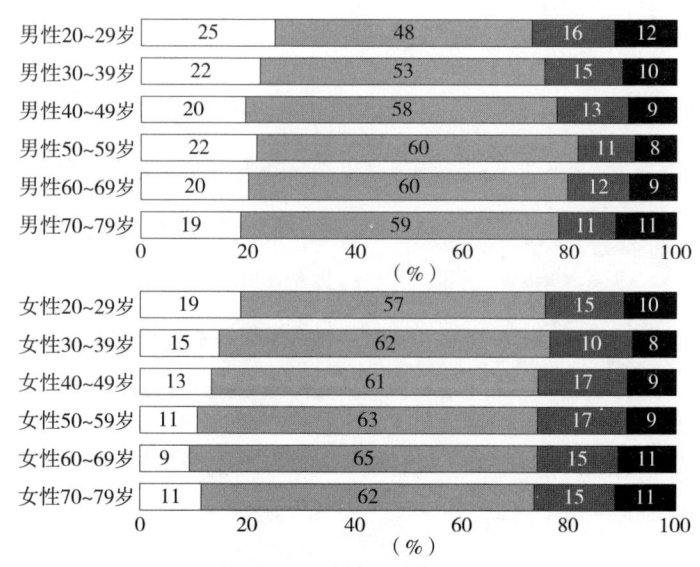

类别	生活完全回到疫情前状态	大部分生活将回到疫情前，一部分回不去	一部分生活回到疫情前，剩下的大部分回不去	生活不能回到疫情前状态
男性20~29岁	25	48	16	12
男性30~39岁	22	53	15	10
男性40~49岁	20	58	13	9
男性50~59岁	22	60	11	8
男性60~69岁	20	60	12	9
男性70~79岁	19	59	11	11
女性20~29岁	19	57	15	10
女性30~39岁	15	62	10	8
女性40~49岁	13	61	17	9
女性50~59岁	11	63	17	9
女性60~69岁	9	65	15	11
女性70~79岁	11	62	15	11

图5-9　新冠疫情结束时的行为选择

根据这个调查结果，是否可以说在日本也广泛存在着"长社交距离"的意识，但是否会带来劳动力市场供求紧张，还有待观察。

经常被指出的是，美国和日本企业在新冠病毒大流行期间的抗疫对策存在重大差异，美国企业在新冠疫情最严重时采取了解雇或下岗的方式，与劳动者解除了雇佣关系，而日本企业没有与劳动者解除雇佣关系，当然其中也有政府提供补贴（就业调整补助金）的作用。如果重视这一点的话，即使经济重启进入正轨，日本也不会像美国那样出现劳动者的收入得不到应有保障的情况。还有人指出，在疫情之前日本很多企业就存在大量人浮于事的过剩人员，不可能出现人手不足的现象。

从以上的分析看，在本书写作期间我依然不能对日本的劳动力供给做出准确的研判。但是，日本能否实现工资解冻，打破"日本的工资物价螺旋模式"，对于我们来说将是一个分水岭。这点确定无疑。

本书剖析了2020年以后全球经历的巨大变动，我想你到这里已经清楚，全球通货膨胀不是因为新冠病毒的出现，而是人类为应对新冠疫情而改变的社会性、经济性行为所引发的。

这种行为改变并不是由谁强制而产生的。新冠疫情下突然而至的居家生活，让我们每个人都在重新思考：以前我们的生活工作方式健康吗？最适合我的工作方式是什么？我自己想要怎样的生活方式？思考的结果是做出了自觉的选择。因此不要否定行为变异本身，也不应该强行制止，反而应该以行为变异为出发点，使行为变异成为社会变革的原始动力，使我们的社会和经济变得更好。对于日本来说，我认为这是摆脱"通货紧缩慢性病"的重大机遇。

希望本书所提出的观点能对思考世界的变革有所启发。

参考文献

第1章

[1] Bootle, Roger. The Death of Inflation: Surviving and Thriving in the Zero Era. Nicholas Brealey Publishing, 1997.

[2] Caldara, Dario, Sarah Conlisk, Matteo Iacoviello, and Maddie Penn. "The Effect of the War in Ukraine on Global Activity and Inflation." FEDS Notes, May 27, 2022.

[3] Sargent, Thomas J. The Conquest of American Inflation. Princeton University Press, 2001.

第2章

[1] 渡辺努『物価とは何か』、講談社、2022年

[2] 渡辺努「コロナ危機と行動変容」、『季刊 個人金融』、2021年春号

[3] 渡辺努「需要と民間がコロナ経済危機の「犯人」」、『Voice』、2021年4月号

[4] 渡辺努「コロナ危機と物価動向（上）下振れ傾向、回復には時間」、日本経済新聞『経済教室』、2021年3月9日

[5] 渡辺努「危機後の金融政策の枠組み（上）対面型産業の物価注視を」、日本経済新聞『経済教室』、2020年6月29日

[6] 渡辺努「コロナショックで物価は上がるか下がるか」、『週刊東洋経済』、2020年5月2日号

[7] 渡辺努「巣ごもり〈消費パニック〉「勝ち組」「負け組」」、『文藝春秋』、2020年5月号

[8] Barro, Robert J., José F. Ursúa, and Joanna Weng. "The Coronavirus and the Great Influenza Pandemic: Lessons from the "Spanish Flu" for the Coronavirus's Potential Effects on Mortality and Economic Activity." National Bureau of Economic Research, No. w26866, April 2020.

[9] Duval, Romain, Yi Ji, Longji Li, Myrto Oikonomou, Carlo Pizzinelli, Ippei Shibata, Alessandra Sozzi, and Marina M. Tavares. "Labor Market Tightness in Advanced Economies." IMF Staff Discussion Notes, March 31, 2022.

[10] Faberman, R. Jason, Andreas I. Mueller, and Ayşegül Şahin. "Has the Willingness to Work Fallen during the Covid Pandemic?" National

Bureau of Economic Research, No. w29784, February 2022.

[11] Faria-e-Castro, Miguel. "The COVID Retirement Boom." Economic Synopses, Federal Reserve Bank of St. Louis, October 15, 2021.

[12] Goolsbee, Austan, Chad Syverson. "Fear, Lockdown, and Diversion: Comparing Drivers of Pandemic Economic Decline 2020." Journal of Public Economics 193, 104311, January 2021.

[13] Mizuno, Takayuki, Takaaki Ohnishi, and Tsutomu Watanabe. "Visualizing Social and Behavior Change due to the Outbreak of COVID-19 Using Mobile Phone Location Data." New Generation Computing, 39, 453-468, November 2021.

[14] Nie, Jun, Shu-Kuei X. Yang. "What Has Driven the Recent Increase in Retirements?" kcFED Economic Bulletin, Federal Reserve Bank of Kansas City, August 11, 2021.

[15] Sheridan, A., A. L. Andersen, E. T. Hansen, and N. Johannesen. "Social Distancing Laws Cause Only Small Losses of Economic Activity during the COVID-19 Pandemic in Scandinavia." Proceedings of the National Academy of Sciences, 117(34), 20468-20473, August 2020.

[16] Tüzemen, Didem. "How Many Workers Are Truly "Missing" from the Labor Force?" kcFED Economic Bulletin, Federal Reserve Bank of Kansas City, May 6, 2022.

[17] Watanabe, Tsutomu. "The Responses of Consumption and Prices in Japan to the COVID-19 Crisis and the Tohoku Earthquake." VoxEU. CEPR. April 2020.

[18] Watanabe, Tsutomu, Tomoyoshi Yabu. "Japan's Voluntary Lockdown: Further Evidence Based on Age-specific Mobile Location Data." The Japanese Economic Review, 72(3), 333-370, June 2021.

[19] Watanabe, Tsutomu, Tomoyoshi Yabu. "Japan's Voluntary Lockdown." PLoS ONE 16(6): e0252468, June 10, 2021.

第3章

[1] 黒田東彦「日本における物価変動と金融政策の役割」、コロンビア大学における講演、2022年4月22日

[2] 小宮隆太郎「昭和四十八、九年インフレーションの原因」、『現代日本経済：マクロ的展開と国際経済関係』、東京大学出版会、1988年

[3] 渡辺努「グローバル・インフレの原因はパンデミックの「後遺症」」、『月刊資本市場』、2022年8月号

[4] 渡辺努「グローバルインフレの原因と先行き」、『Voice』、2022年8月号

[5] 渡辺努「インフレどう防ぐ　新たな物価理論を武器に解明」（イン

タビュー記事）日経新聞電子版、2022年7月3日

[6] Agarwal, Ruchir, Miles Kimball. "The Future of Inflation Part I: Will Inflation Remain High?" Finance & Development 59.002, International Monetary Fund, April 6, 2022.

[7] Antràs, Pol. "De-Globalisation? Global Value Chains in the Post-COVID-19 Age." National Bureau of Economic Research, No. w28115, November 2020.

[8] Barrero, Jose Maria, Nicholas Bloom, and Steven J. Davis. "Why Working from Home Will Stick." National Bureau of Economic Research, No. w28731, April 2021.

[9] Barrero, Jose Maria, Nicholas Bloom, and Steven J. Davis. "Long Social Distancing." April 15, 2022.

[10] Barrero, Jose Maria, Nicholas Bloom, and Steven J. Davis. "COVID-19 Is Also a Reallocation Shock." Brookings Papers on Economic Activity, Summer 2020, 329-383, Brookings Institution Press, 2020.

[11] Bank for International Settlements, Annual Economic Reports. June 2022.

[12] Bjørnland, Hilde C. "The Effect of Rising Energy Prices Amid Geopolitical Developments and Supply Disruptions." ECB Forum on Central Banking, June 2022.

[13] Borio, C., P. Disyatat, D. Xia, and E. Zakrajšek. "Inflation, Relative Prices and Monetary Policy: Flexibility Born out of Success." BIS Quarterly Review, September 2021, 15-29.

[14] Brinca, Pedro, Joao B. Duarte, and Miguel Faria-e-Castro. "Measuring Labor Supply and Demand Shocks during COVID-19." European Economic Review, 139, 103901, October 2021.

[15] Carstens, Agustín. "The Return of Inflation." Speech by Agustín Carstens, General Manager, Bank for International Settlements, April 5, 2022.

[16] Carstens, Agustín. "A Story of Tailwinds and Headwind Supply and Macroeconomic Stabilization." Speech by Agustín Carstens, General Manager, Bank for International Settlements. Jackson Hole Economic Symposium, August 26, 2022.

[17] Cecchetti, Stephen. "Stagflation: A Primer." Money, Banking and Financial Markets, October 18, 2021.

[18] Celasun, O., N. J. Hansen, A. Mineshima, M. Spector, and J. Zhou. "Supply Bottlenecks: Where, Why, How Much, and What Next?" IMF Working Paper No. 2022/031, February 2022.

[19] Cochrane, John H. "Fiscal Inflation," In Populism and the Fed. James Dorn Ed., 119-130, Cato Institute, 2022.

[20] Crump, R. K., S. Eusepi, M. Giannoni, and A. Şahin, "The Unemployment-Inflation Trade-Off Revisited: The Phillips curve in COVID times." National Bureau of Economic Research. No. w29785. February 2021.

[21] Davis, Steven J. "The Big Shift to Remote Work." 69th Annual Chicago Booth Management Conference, May 6, 2022.

[22] Di Giovanni, J., S. Kalemli-Özcan, A. Silva, and M. A. Yıldırım. "Global Supply Chain Pressures, International Trade, and Inflation." National Bereau of Economic Ressarch, No. w30240, July 2022.

[23] Eichengreen, Barry. "America's Not-So-Great Inflation." Project Syndicate, February 10, 2022.

[24] Eichengreen, Barry. "European Inflation in an American Mirror." Intereconomics: Review of European Economic Policy, 57(2), 76-78, 2022.

[25] Ferrante, F., S. Graves, and M. Iacoviello. "The Inflationary Effects of Sectoral Reallocation." Federal Reserve Board, May 2022.

[26] Forbes, Kristin, Joseph Gagnon, and Christopher G. Collins. "Low Inflation Bends the Phillips Curve around the World." National Bureau of Economic Research, No. w29323, October 2021.

[27] Fornaro, L., F. Romei. "Monetary Policy during Unbalanced Global

Recoveries." CEPR Discussion Paper No. 16971, January 2022.

[28] Furman, Jason. "Why Did (Almost) No One See the Inflation Coming?" Intereconomics: Review of European Economic Policy, 57(2), 79-86, 2022.

[29] Gagnon, Joseph E. "Why US Inflation Surged in 2021 and What the Fed Should Do to Control It." PIIE, March 11, 2022.

[30] Gopinath, Gita. "How Will the Pandemic and War Shape Future Monetary Policy?" Jackson Hole Economic Symposium, August 26, 2022.

[31] Groen, Jan J.J., Menno Middeldorp. "Creating a History of U.S. Inflation Expectations." Liberty Street Economics, Federal Reserve Bank of New York, August 21, 2013.

[32] Guerrieri, V., G. Lorenzoni, L. Straub, and I. Werning. "Monetary Policy in Times of Structural Reallocation." Jackson Hole Economic Policy Symposium, August 2021.

[33] Ha, Jongrim, M. Ayhan Kose, and Franziska Ohnsorge. "Today's Inflation and the Great Inflation of the 1970s: Similarities and Differences." VoxEU.org, March 30, 2022.

[34] Jordà, Òscar, Sanjay R. Singh, and Alan M. Taylor. "Longer-run Economic Consequences of Pandemics." The Review of Economics and

Statistics, 104(1), 166-175, January 2022.

[35] Karlsson, Martin, Therese Nilsson, and Stefan Pichler. "The Impact of the 1918 Spanish Flu Epidemic on Economic Performance in Sweden: An Investigation into the Consequences of an Extraordinary Mortality Shock." Journal of Health Economics, 36, 1-19, July 2014.

[36] Kornprobst, Markus, T. V. Paul. "Globalization, Deglobalization and the Liberal International Order." International Affairs, 97(5), 1305-1316, September 2021.

[37] Nelson, Edward. "How Did It Happen?: The Great Inflation of the 1970s and Lessons for Today." Finance and Economics Discussion Series, 2022-037, June 2022.

[38] Office for National Statistics. "Public Opinions and Social Trends." Great Britain: 6 to 17 July 2022.

[39] Rees, Daniel, Phurichai Rungcharoenkitkul. "Bottlenecks: Causes and Macroeconomic Implications." BIS Bulletin, 48, November 2021.

[40] Rogoff, Kenneth. "The Long-lasting Economic Shock of War." Finance and Development, International Monetary Fund, March 2022.

[41] Rogoff, Kenneth. "A Coronavirus Recession Could Be Supply-side with a 1970s Flavour." Project Syndicate, March 3, 2020.

[42] Rogoff, Kenneth. "Globalization and Global Disinflation." Monetary

Policy and Uncertainty: Adapting to a Changing Economy, Federal Reserve Bank of Kansas City, 77-112, 2004.

[43] Smith, Noah. Interview: Emi Nakamura, Macroeconomist. February 21, 2022.

[44] Stiglitz, Joseph E., Dean Baker. "Inflation Dos and Don'ts." Project Syndicate, July 8, 2022.

[45] University College London. "Covid-19 Social Study. Results Release 44." April 7, 2022.

[46] Velde, François R. "What Happened to the U.S. Economy during the 1918 Influenza Pandemic? A View through High-frequency Data." The Journal of Economic History, 82(1), 284-326, February 2022.

[47] Wei, Shang-Jin, Tao Wang. "The Inflationary Consequences of Deglobalization." Project Syndicate, July 13, 2022.

[48] Yellen, Janet L. "Special Address on the Future of the Global Economy and US Economic Leadership." Atlantic Council, April 13, 2022.

第4章

[1] 黒田東彦「金融政策の考え方—「物価安定の目標」の持続的・安定的な実現に向けて—」、きさらぎ会における講演、2022年6月6日

[2] 渡辺努「「慢性デフレ」「急性インフレ」の二つの日本病を解決する道筋」、『金融財政事情』、2022年6月28日号

[3] 渡辺努「慢性デフレと急性インフレの行方」、『金融ジャーナル』、2022年6月号

[4] 渡辺努「狂乱物価「悪夢のシナリオ」」、『文藝春秋』、2022年6月号

[5] 渡辺努「5か国の家計を対象としたインフレ予想調査」(2022年5月実施分)、2022年5月30日

[6] 渡辺努「米インフレと金融政策(下)労働供給減、日本にもリスク」、日本経済新聞『経済教室』、2022年2月7日

[7] Aoki, Kosuke, Hibiki Ichiue, and Okuda. "Consumers' Price Beliefs, Central Bank Communication, and Inflation Dynamics." Bank of Japan Working Paper Series No.19-E-14, September 2019.

[8] Diamond, Jess, Kota Watanabe, and Tsutomu Watanabe. "The Formation of Consumer Inflation Expectations: New Evidence from Japan's Deflation Experience." International Economic Review, 61(1), 241-281, February 2020.

[9] Ueda, Kozo, Kota Watanabe, and Tsutomu Watanabe. "Product Turnover and the Cost of Living Index: Quality vs. Fashion Effects." American Economic Journal: Macroeconomics, 11(2), 310-347, April 2019.

[10] Watanabe, Kota, Tsutomu Watanabe. "Why Has Japan Failed to Escape from Deflation?" Asian Economic Policy Review, 13(1), 23-41, January 2018.

[11] The Economist. "Why Is Inflation Relatively Low in Some Places?" June 20, 2022.

[12] International Monetary Fund. World Economic Outlook, April 2022.

[13] International Monetary Fund. World Economic Outlook, July 2022.

专栏 4-1

[1] 中藤玲『安いニッポン 「価格」が示す停滞』、日本経済新聞出版、2021年

[2] 玄田有史・萩原牧子編『仕事から見た「2020年」 結局、働き方は変わらなかったのか?』、慶應義塾大学出版会、2022年

[3] Ito, Takatoshi. "Why is Japan So Cheap?" Project Syndicate, March 3, 2022.

第 5 章

[1] Adrian, Tobias, Christopher Erceg, and Fabio Natalucci. "Soaring Inflation Puts Central Banks on a Difficult Journey." International Monetary Fund, August 2022.

[2] Ascari, Guido, Jacopo Bonchi. "(Dis) Solving the Zero Lower Bound Equilibrium Through Income Policy." Journal of Money, Credit and Banking, 54(2-3), 519-535, December 2021.

[3] Blanchard, Olivier J. "The Wage Price Spiral." The Quarterly Journal of Economics, 101(3), 543-565, August 1986.

[4] Boissay, F., F. De Fiore, D. Igan, A. P. Tejada, and D. Rees. "Are Major Advanced Economies on the Verge of a Wage-price Spiral?" BIS Bulletin, 53, May 2022.

[5] Bordo, Michael, Oliver Bush, and Ryland Thomas. "Muddling Through or Tunnelling Through? UK Monetary and Fiscal Exceptionalism during the Great Inflation." Federal Reserve Bank of Atlanta, May 2022.

[6] Bruno, Michael. Crisis, Stabilization, and Economic Reform: Therapy by Consensus. Clarendon Lectures in Economics, Clarendon Press, 1993.

[7] Bruno, M., G. Di Tella, R. Dornbusch, and S. Fischer (eds.). Inflation Stabilization: The Experience of Israel, Argentina, Brazil, Bolivia, and Mexico. MIT Press, 1988.

[8] Da Silva, Luiz A. Pereira, Benoît Mojon. "Exiting Low Inflation Traps by "Consensus": Nominal Wages and Price Stability." Based on the Keynote Speech at the Eighth High-level Policy Dialogue between the Eurosystem

and Latin American Central Banks, Cartagena de Indias, Colombia, 28-29, November 2019.

[9] Dornbusch, R., F. Sturzenegger, and H. Wolf. "Extreme Inflation: Dynamics and Stabilization." Brookings Papers on Economic Activity, 2, 1-84, 1990.

[10] Dornbusch, Rudiger, Mario Henrique Simonsen. "Inflation Stabilization with Incomes Policy Support: A Review of the Experience in Argentina, Brazil, and Israel." Group of Thirty, 1987.

[11] Furman, Jason. "America's Wage-price Persistence Must Be Stopped." Project Syndicate, August 2, 2022.

[12] Higgins, Pat. "Introducing the Atlanta Fed's Taylor Rule Utility." Federal Reserve Bank of Atlanta, September 8, 2016.

[13] Reis, Ricardo. "Losing the Inflation Anchor." Brookings Papers on Economic Activity 2021(2), 307-379, 2022.